Per Emma

Sarà difficile
chiederti scusa
per un mondo che è quello che è
io nel mio piccolo
tento qualcosa
ma cambiarlo è difficile

A modo tuo LIGABUE

Sommario

Il libro che avete fra le mani (mi raccomando tenetelo stretto, non rimettelo giù) è stato pensato e scritto non solo per chi è già un cuoco provetto, ma anche per chi non sa ancora cucinare, e ha però la passione e la costanza per imparare, magari così bene da diventare un *MasterChef*.

I libri sono stati la mia ispirazione, il mio appiglio, la mia sicurezza, la mia arma in più prima e durante la trasmissione. E, che ci crediate o no, il premio che mi allettava di più era proprio questo, la possibilità di scrivere il mio libro. Quello che mi auguro abbiate sempre ben stretto fra le mani.

Io ne sono incredibilmente soddisfatta, perché dopo tanto faticare è venuto esattamente come volevo. Diretto, semplice, fruibile, solare. Credo mi somigli.

Non tutte le ricette sono mie creazioni, alcune appartengono alla cucina popolare o regionale, altre sono dei classici rivisitati, ma tutte sono state rilette attraverso la mia esperienza e il mio estro, sono facili da realizzare (be', quasi tutte…) e sempre in sintonia con quello che offre il mercato.

Perché il cibo deve avere il suo ritmo, altrimenti non si gusta nulla, non si hanno più voglie. Seguire anche in cucina i ritmi della natura e rispettarli, consumare prodotti di stagione, assecondandone il ciclo, imparando quando meglio cercarli e magari quando conservarli, perché dopo poco non saranno più così buoni. Questa è l'idea da cui è nato il libro: ricette e suggerimenti per godere e gustare pienamente i sapori e i profumi, mese per mese, stagione dopo stagione.

Erica

Tu che facevi solo crostatine

LA MIA STORIA DA RAVENNA A *MASTERCHEF*

Io accendo il forno

Tre amici, una serata come tante, in un capanno da pesca sul Lamone, dalle parti di Ravenna: una tavolaccia di legno, pesce appena cucinato, vino campagnolo che scende che è un piacere, fiumi di parole e per una volta niente zanzare, visto che è la fine di marzo.

Dalle nostre parti chi ha un capanno, magari ereditato dal padre o dal nonno, se lo tiene stretto. Sono parte della tradizione e della cultura locale, per secoli hanno contribuito a portare il pesce sulle nostre tavole di agricoltori, dal dopoguerra in poi invece sono lentamente divenuti luoghi di svago, incontro e socialità, dove le persone vanno per stare in compagnia con gli amici, la famiglia, immergersi nella natura, passare il tempo giocando a carte, bevendo, mangiando e riposando. E dove qualche volta, bisognerebbe aggiungere, ancora si pesca.

L'idea sarebbe di mangiare quel che si è catturato, ma di solito non tiriamo su niente e si finisce sempre per impastare qualcosa o comprare il pesce da un'altra parte e cucinarlo. Ma poco importa, vai lì nel pomeriggio, accendi il fuoco, cucini, brindi, mangi, chiacchieri. E tieni a bada i pensieri. E di pensieri, negli ultimi anni, ne ho avuti davvero tanti.

Giovanni, Manuel e una serata in un capanno sul Lamone. Il mio viaggio fino al titolo è partito da qui

Quando Giovanni e Manuel, i miei due migliori amici, mi hanno iscritta a *MasterChef* io ormai dormivo. Finita la cena era partita la solita raffica di complimenti, ma a me sembravano fin troppo scontati visto che provenivano da due che non si sanno neppure sgusciare un uovo sodo. A questo punto urge una premessa: noi tre abbiamo sempre seguito la trasmissione insieme, tutti gli anni, e se uno di noi aveva un impegno di giovedì la registravamo per poi ritrovarci a guardarla. Nonostante ciò loro non hanno ancora imparato a cucinare e a nessuno era mai venuto in mente che io mi iscrivessi a un talent di cucina. Fino a quella sera. La connessione andava e veniva, Giovanni e Manuel mi tempestavano di domande alle quali a un certo punto ero troppo stanca per rispondere seriamente, tanto nessuno mi avrebbe mai chiamata quindi poco importava, finché non mi sono addormentata e mi sono svegliata quando hanno cominciato a festeggiare, come se avermi iscritta fosse già di per sé l'inizio di un'avventura fantastica.

Ho cominciato facendomi le ossa ;-)

Lavoravo, quella mattina di primavera, facevo assistenza domiciliare a un'anziana reduce da un intervento al femore, stavamo camminando avanti e indietro quando mi è squillato il telefono; ho risposto, con un gesto meccanico, abitudinario, e ho ascoltato, con distaccata cortesia, una certa Veronica che mi parlava di cose di cui non capivo nulla. Ma io ero troppo preoccupata che mi potesse cadere la signora,

così avremmo vanificato settimane di riabilitazione, mentre continuavo a non capire cosa mi volessero vendere.

E poi Veronica ha detto la parola magica. *Torte*. Qualcosa si è acceso nella mia testa, ho riavvolto il nastro e ho iniziato finalmente ad ascoltare cosa mi aveva detto quella voce ignota ma molto gentile. Forse non voleva vendermi nulla, non mi stava proponendo di cambiare operatore telefonico e non mi stava vantando le straordinarie condizioni che la sua banca mi avrebbe offerto per prestarmi del denaro. Stava davvero parlando di torte. Delle *mie* torte. Veronica mi chiamava dalla redazione di *MasterChef*.

«Ora mi cade la vecchia.» Solo questo riuscivo a pensare.

Era più importante lei, quindi per non farla cascare ho detto: «Richiamami fra venti minuti». E ho ripreso a passeggiare con la signora, reggendola forse un po' più forte del necessario. Nel frattempo rimuginavo e avrei solo voluto piangere. Non mi richiameranno mai... Quante persone si iscrivono a *MasterChef*, non mi richiameranno di sicuro. Ecco, pensavo questo. E odiavo la vecchia, lei e il suo femore. Non avrei dovuto, ma non ho potuto non odiarla. Almeno per qualche minuto, almeno fino alla telefonata successiva. Il femore è una brutta bestia, chi come me fa il fisioterapista sa perfettamente che, specie quando hai una certa età, riprendere a camminare non è facile. E quindi non dovevo detestarla. Ma come si fa, quando credi di esserti appena giocata una grande opportunità?

Uscita da casa sua, mi sono ritrovata seduta in macchina a fissare un cellulare che non squillava, nessuno richiamava né forse avrebbe mai più richiamato. E allora sono andata a comprare i biglietti per Jovanotti. Otto luglio, se non sarò a *MasterChef* almeno sarò al concerto di Lorenzo.

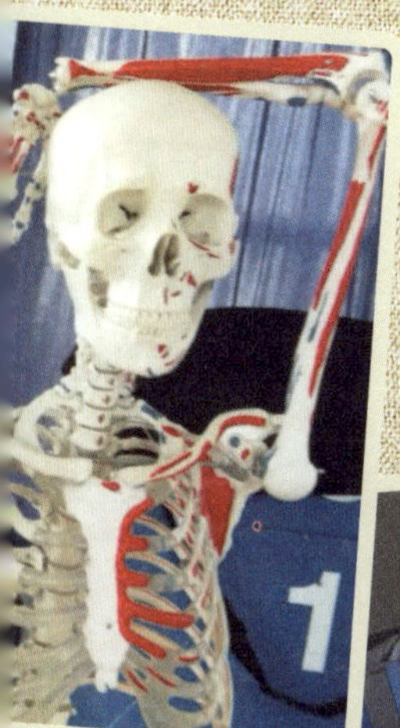

A vedere Jovanotti ci sono andata davvero, con Lorenzo e Mattia, appena tornati dall'esterna a Valencia

L'ansia nasce come difesa da qualcosa che sentiamo pericoloso. Sulle riviste femminili o su Internet si leggono i consigli più astrusi su come tenerla a bada, e psicologi più o meno illustri ci hanno costruito sopra solidissime carriere mediatiche. Ti dicono di riappropriarti del tuo corpo, di concederti del tempo, di fare dei bagni aromatici, magari in una lussuosa Spa. Oppure di diffondere nell'ambiente oli essenziali che mettano serenità. Ti consiglieranno di staccare la mente e rilassare il corpo con tecniche come reiki, massaggio psicosomatico, riflessologia plantare, esercizi di respirazione, e presto l'ansia si dissolverà. Non posso dirvi cosa commenterebbe il mio babbo ma potete immaginarlo facilmente.

«Io accendo il forno.» Questo ho detto a Veronica quando finalmente mi ha richiamata. Quando litigo con qualcuno, ho dei pensieri, mi va male al lavoro, io accendo il forno. C'è chi va in palestra, c'è chi ne parla con qualcuno, c'è chi segue i consigli della psicologia patinata, io accendo il forno. E questo le ho raccontato, durante quel lungo colloquio telefonico. Abbiamo parlato come due amiche, senza filtri né sovrastrutture, perché non aveva senso fare finta di essere qualcun altro. Se per caso le cose fossero andate avanti sarei stata sbugiardata, quindi le ho detto che ultimamente cucinavo tantissimo perché uscivo da un brutto periodo e la cucina era una valvola di sfogo, cucinare mi permetteva di stare bene. Le ho raccontato di Emma e delle cose che mi erano accadute, di come fossi rimasta sola e avessi dovuto reinventare la mia vita, che nell'ultimo anno era stata stravolta, e cucinare mi aveva aiutato a tenere dritta la barra del timone. È stato quel momento a farmi capire che quando sono in difficoltà cucino, e dopo vedo le cose sotto un altro punto di vista... Sarà che poi sono libera con la mente, non ho pensieri, meglio del reiki o della riflesso*co*sologia.

Ecco, questo è un esempio di cosa Veronica ha visto quando ha aperto il mio Instagram la prima volta

In fisica e in chimica, con il termine effetto valanga si indicano quei fenomeni in cui una reazione produce tra i suoi prodotti alcuni prodotti uguali a quelli che hanno dato origine alla reazione e sono in grado di iniziarne una nuova. Nei fumetti è quando Paperino lancia una palla di neve e si ritrova sommerso e travolto da una valanga. Nella vita vera è quando dici una sola e minuscola cazzata e quella ti si ritorce contro in un nanosecondo.

Perché io in verità una piccolissima bugia nel colloquio con Veronica l'avevo detta; presa dal panico che potessero scartarmi perché sulla mia pagina Instagram avevo solo foto di dolci le avevo promesso che avrei mandato quanto prima delle foto di piatti salati.

Ma io piatti salati non ne avevo mai fatti, cucinato sì, ovvio, ma non certo preparato e impiattato così bene da poterli fotografare e mandare a *MasterChef*. Avevo pochi soldi e pochissimo tempo, ho fatto la spesa riempiendo il carrello, ho chiamato i miei amici a casa, e ci siamo messi a impastare e a cucinare dei piatti di pesce, la carne non è tra le pietanze che preparo più volentieri. Ho preso del tonno, del salmone, tutto pesce crudo per risparmiare tempo, soldi invece non c'era verso di risparmiarne perché era periodo di fermo pesca e di pesce ce n'era poco e caro ammazzato, tant'è che in quei piatti ci sono sempre gli stessi pezzi spostati…

Ho preparato un tataki di tonno *(vedi ricetta p. 90)*, l'ho fotografato, e una parte l'ho riutilizzata per il mosaico di bosco, tocchetti di pesce crudo alternati con la frutta. Altra foto. Poi una tartare di salmone con riso Venere, julienne di zucchine e maionese agli agrumi; con le zucchine avanzate ho preparato le roselline di verdure *(vedi ricetta p. 188)* ho scattato le ultime foto e le ho mandate. Forse ero riuscita a fermare la valanga.

Le roselline di verdure. L'unica foto superstite di quella serata infinita

E poi la vita riprende il suo corso. Non dico che non ci pensassi più, il pensiero c'era sempre, ma lontano, attutito. Avevo altre cose cui pensare, il mio lavoro, i miei pazienti, la mia famiglia, Emma e il battesimo da organizzare, finalmente, perché l'anno prima gli eventi avevano preso una piega inattesa e avevamo dovuto rimandarlo, con gran dispiacere del mio babbo. È vero che ogni dieci minuti controllavo il cellulare per essere sicura di non essermi persa una chiamata, ma è anche vero che quando lavoro mi capita spesso di perderle.

L'agitazione ricomincia quando la chiamata persa arriva da uno 02, da Milano. E peggiora quando scopro che era un numero che non accettava chiamate in entrata. E ho il cuore in gola quando finalmente, ore dopo, quel numero richiama. Solo che questa volta è davvero una televendita, vogliono sapere se ho bisogno capsule di caffè. No, davvero non mi servono.

Piacere, Federico

Quando siamo assaliti dall'ansia la mente anticipa quanto dovrà accadere, fissandosi solo sui momenti nei quali le cose potrebbero non andare come ci si aspetta che vadano.
Ma quando alla fine la telefonata è arrivata veramente, io non mi sono fatta prendere dall'ansia. Per quello ci sarebbe stato tempo dopo. Neppure se il provino a Milano era il 13 aprile, il giorno in cui avevo fissato il battesimo di Emma. Quello si può spostare, *MasterChef* no. E neppure se solo allora mi rendo conto che non ho la minima idea di quale piatto portare al provino, l'emozione era così forte che mi sembrava di non saper fare nulla.

Senza Federico la mia avventura a MC non sarebbe neppure cominciata. Grazie Fede!

Mi ci sono voluti due minuti per mettermi in macchina e partire per Marina di Ravenna, dove c'è il mio ristorante preferito che in realtà non è un vero e proprio ristorante ma il bagno dove vado al mare, il *Coco Loco*. Arrivo, mi fiondo in cucina e inizio a sommergere lo chef di parole, gli racconto tutta la storia, delle telefonate, dei provini, del mio smarrimento e del timore di risultare banale, di quanto lo ritenessi non bravo, ma bravissimo, e se per favore mi poteva dire quello che sapeva fare. Tutto, subito. Mezz'ora di sproloquio a macchinetta e la sola cosa che mi dice è «Piacere, Federico», sorridendo. Avrà pensato che ero pazza! Abbiamo parlato un sacco, mi ha aiutato a riordinare le idee e sono venuta via sapendo che piatto avrei portato a Milano. Sono andata nella pineta lì dietro a raccogliere gli asparagi selvatici, poi in pescheria per la coda di rospo. A casa ho provato a cucinare il piatto, ed era buonissimo. E così il 12 aprile l'ho preparato di nuovo e sono partita per Milano; all'audizione avevamo a disposizione un microonde per scaldare e qualche minuto per l'impiattamento, che allora mi sembrava splendido e oggi, a ripensarlo, raccapricciante, ma il profumo era buono, uno chef ha assaggiato e me ne sono ritornata a casa con il classico «Le faremo sapere…» nelle orecchie ma un buon presentimento nel cuore. Ero la candidata 16100 ma nessun calcolo probabilistico poteva scalfire le mie speranze.

Primo e secondo casting. Immaginate per un attimo quanta emozione...

Il mio babbo è un uomo di una volta. Hai i suoi ritmi, le sue abitudini, le piccole manie di chi in campagna è nato e sempre vissuto. E non poteva tollerare oltre che la bambina, sua nipote, continuasse a non essere battezzata, la guardava come se fosse la figlia di Satana. E quindi ha accettato di buon grado che il 25 aprile Emma venisse battezzata così, su due piedi, senza ristorante, senza preavviso, senza festa. Tutta la famiglia a mangiare alla sagra di primavera di Pieve Corleto e via il pensiero, perché due giorni dopo dovevo tornare a Milano. Già, il mio presentimento era giusto, mi avevano richiamata per il secondo provino.

Da Milano ci hanno portati a Cremona con dei pullman, eravamo in centocinquanta, e dovevamo confrontarci per la prima volta con l'estetica. Abbiamo alzato la cloche, sotto c'erano verdura, frutta, ma anche un'aringa e della salsa barbecue, e bisognava semplicemente tagliare, comporre, impiattare. Non si cucinava niente. Ci veniva chiesto solo di dare libero sfogo alla fantasia. E poi chiudere la cloche e andare via.

Quella sera, al tramonto, ci hanno fatti tornare tutti alla nostra postazione e al loro via dovevamo alzare la cloche. Se sotto c'era il nostro piatto avevamo passato il provino, e se non c'era, niente, era finita. Io ho alzato la cloche e il piatto c'era.

Io che non piango mai

Mentre noi soffriamo, aspettando il nostro turno, loro se la ridono!

Durante il *live cooking* i rimanenti aspiranti chef devono preparare in una manciata di minuti il proprio piatto forte, con ingredienti che si sono portati da casa. Sembra banale, ma anche solo ricordarsi tutto è fondamentale, forse lo avrete visto quando hanno mandato in onda le selezioni ma un goccio di vino bianco in più o in meno può rivelarsi cruciale.

Io la chiamavo la prova del carrellino, come si chiamasse l'ho scoperto solo in trasmissione, ed era il mio reale obiettivo, il massimo cui ambissi quando tutto era cominciato. È logico, arrivata fin lì vorresti andare avanti, anche solo per la curiosità di vedere come va a finire, ma io lo ripetevo a tutti, se arrivassi lì, mamma mia, se arrivassi lì veramente, col carrellino a cucinare davanti ai giudici, io il mio obiettivo lo avrei raggiunto. Lì c'ero arrivata.

Ne parlerò anche nell'introduzione alla ricetta dei cappelletti *(vedi p. 70)* ma in quel periodo a tutti coloro che mi chiedevano cosa avrei fatto nel caso in cui rispondevo «i cappelletti». Non volevo dimostrare nulla a nessuno ma li sentivo come una cosa mia, e mi piaceva pensare di portare i cappelletti a Milano, di farli mangiare a Cracco e agli altri chef. L'idea mi elettrizzava. Poi, che l'esito fosse sì o no mi sembrava non importare più di tanto. Vado là e chissenefrega, tanto io rimango quella che ha portato i cappelletti.

Ma poi l'ansia arriva, ti rendi conto che hai un'occasione, e che probabilmente una così la avrai una sola volta nella vita, e rischi di sprecarla per l'orgoglio di portare i cappelletti.

Intorno a me tutti provavano a dissuadermi, ma va' là, mi dicevano, una cosa così banale, non passerai mai.

Più ci ragionavo però, più mi convincevo che è un piatto banale per noi romagnoli, che mangiamo cappelletti tutte le domeniche. E invece c'è chi non li ha mai mangiati in vita sua. Quindi mi sono detta: ma se i cappelletti li facciamo da una vita, vorrà pur dire che son buoni! Io posso anche rivisitarli, fare un condimento particolare, però

Non mi pareva vero che Carlo Cracco stesse assaggiando i miei cappelletti. E invece gli sono anche piaciuti...

il cappelletto è immortale, porca miseria. Non voglio presentare cucina molecolare, o sinestesie e destrutturazioni, piatti che possano prestare il fianco a critiche più facili, il cappelletto non è discutibile. Male che fosse andata mi avrebbero potuto dire che mi ero tenuta troppo sul classico, però non l'avrei presa male. Forse un po' di rimpianto per non avere osato di più. Ma forse nemmeno. Ero molto convinta. Faccio vedere che ho manualità nel tirare la sfoglia, tecnica nel piegarli, creatività nell'abbinarli ed eleganza nell'impiattarli. Perché no?

Il 3 maggio sono andata a Milano, con Giovanni, Manuel ed Emma. Tutto il giorno ad aspettare, seduti su dei pallet, perché io sono stata una degli ultimi, verso sera, e sono arrivata al dunque stremata, ma quando è toccato a me ho dato il massimo. Avevamo quarantacinque minuti per preparare il piatto dietro le quinte e cinque minuti davanti ai giudici. Ho caricato tutto sul carrello. È stato un bell'azzardo, sono andata con i cappelletti crudi, e ho fatto tutto al momento. Sì, ho rischiato… Ho pensato che la pasta fresca si cuoceva in un attimo, però dovevo fare la salsa agli asparagi, insomma, le mani tremavano, e dovevo anche parlare e dire cose sensate. Forse sì, mi hanno tenuta lì qualche minuto in più, ho fatto pietà, però mi hanno lasciato fare il mio lavoro, facendomi però qualche domanda, perché ovviamente volevano sapere un po' chi avevano davanti. Ho raccontato che ho una bimba piccola e che mi stava aspettando dall'altra parte del muro. Nemmeno il tempo di avere paura e i giudici stavano già assaggiando i cappelletti. Uno alla volta hanno commentato il piatto, fatto un po' di critiche, ma costruttive, e qualcosa mi ha fatto sperare che avessero apprezzato.

Aspettavo il verdetto con il cuore a mille e neppure mi sono accorta che lo chef Cannavacciuolo era sparito. Quando è tornato aveva Emma in braccio. E lì giù lacrime, io che non piango mai: ancora non lo sapevo che per i successivi tre mesi avrei pianto ogni mezz'ora, e la sorpresa più grande dopo avermi dato Emma in braccio, dato che io ero già felice così, è stata ricevere il grembiule e i quattro sì.

Devo aggiungere qualcosa?

Mamma mia, che lacrime… è stato bellissimo. Quello è stato il vero inizio. Adesso che sei dentro però vai a tutto gas, mi ripetevo. Perché fino a un attimo prima mi creavo degli alibi, quasi mi volessi consolare, pensando che tanto non mi avrebbero mai presa, però ho capito che essere pessimisti è proprio il primo errore. Perché se tu sei il primo a non volerci credere come puoi pretendere che gli altri ti appoggino? Male che vada, pazienza, te ne farai una ragione. Raul Montanari in un libro che amo molto ha scritto che le due grandi leggi che regolano la vita di tutti noi sono la paura e il desiderio. Tutto ciò che facciamo, lo facciamo perché desideriamo qualcosa e perché abbiamo paura di qualcos'altro. A volte i due sentimenti sono mescolati: vogliamo qualcosa, ma la paura ci impedisce di averla. Io il mio tentativo l'ho fatto, e me la sono giocata fino in fondo, e credo di avere ottenuto molto più di chi non ha nemmeno provato per paura di sentirsi dire no. Ho scelto di non avere più paura.

Ma cosa ci faceva un polmone in dispensa?

Da quel grembiule in poi chi ha seguito la trasmissione quello che è successo lo sa, lo ha visto in televisione. Quello che posso raccontarvi in più sono le cose che non si sono viste, quell'alternanza di emozioni, euforia e scoramento, di grandi incazzature e piccole soddisfazioni, di voglia di arrivare fino in fondo e di nostalgia di casa che è stato il mio percorso fino al titolo di *MasterChef*.

Ci attendeva ancora un'ultima prova prima di entrare nella *Masterclass*: il grembiule lo avevamo ottenuto in quaranta, e lo avremmo tenuto solo in venti. A quel punto però non c'era più ansia, non c'era più indecisione. Quei quattro sì mi avevano fatto capire che sarei andata avanti. E infatti avevo già organizzato la gestione di Emma. Mentre la Erica di qualche mese prima si sarebbe detta di non pensare neppure al problema Emma, che tanto sarebbe ritornata a casa subito, in quel momento sapevo che ci credevo con tutta me stessa, e che ce l'avrei messa tutta. Forse non sarei arrivata in fondo, perché conoscevo i miei limiti, ma la cosa peggiore sarebbe stata uscire tipo decima, sapendo di avere mollato, perché non avevo dato il massimo, perché mi ero arresa; io potevo anche uscire per ventesima, ma dovevo sapere di aver dato tutta me stessa. È stata la regola che mi sono imposta dal primo giorno in cui ho indossato il grembiule.

La prima cosa che ho fatto è stata pensare a mia figlia, dovevo essere serena sull'argomento Emma. Quindi, organizzata lei, grazie ai nonni materni e paterni che l'hanno accudita con infinito amore, io ero tranquilla, e ho iniziato questo percorso. Da subito è stato inevitabile confrontarsi con gli altri. Tantissimi ragazzi giovani, più giovani di me, io ero più vecchia della media, e a sentir loro… erano tutti più bravi, più preparati, più dotati, più talentuosi.

Io credo di averci messo un po' più di umiltà. Quello ha fatto la differenza, mettersi sempre in discussione, non smettere mai di imparare, ordinare libri, osservare e leggere, stavo le notti al computer a studiare, è stata un'escalation. Nemmeno all'università ho studiato così tanto.

E poi succede che apri la prima *Mystery box*. E dentro c'è il farro spezzato. Adesso lo so che è ottenuto da una prima frammentazione del chicco del farro integrale e che può essere usato in grani interi come il riso, oppure nelle zuppe, per i minestroni, ma anche per farne supplì o per piatti freddi in insalata, ma prima di allora non lo avevo mai usato.

Ho pensato, cavolo, il farro spezzato sarà come il farro normale sbriciolato, ci metterà meno a cuocere, lo lesso in acqua come fosse un riso, insomma, come l'orzo, no? E le altre cose, se si usa un po' la testa, anche se non le si è mai viste, ti basta osservarle con attenzione per capire cosa sono e a cucinarle attenendoti a pochi, fondamentali principi base. Tant'è che alla prima prova sono arrivata fra i migliori tre, io

Eccoci! I magnifici venti con i grembiuli ancora puliti. Per poco.

che pensavo di aver fatto una cosa abbastanza banale e che non mi convinceva più di tanto! Allora ho capito che anche se si davano tutti arie da fenomeni, dietro le parole non c'era poi molto.

Non che questo abbia messo fine ai momenti di sconforto, anzi. Quello del polmone, soprattutto. Era uno di quei giorni in cui ti svegli senza testa, già prima mi avevano salvata consentendomi di tornare in dispensa a prendere il riso, perché la prova di street food fra le altre cose prevedeva gli arancini e io avevo preso tutti gli ingredienti ma ero tornata senza il riso. Mi hanno graziata per alzata di mano e sono andata a prendere il riso felice e contenta, sono tornata, ho iniziato e mi sono accorta di aver preso un polmone al posto del capocollo. Lì proprio non c'ero con la testa, ecco, e non me lo sarei perdonato, sono stata fortunata che qualcuno ha fatto peggio di me, perché mi vedevo già pronta a lasciare la postazione. Anche se ancora oggi mi chiedo cosa cavolo ci facesse un polmone in dispensa…

Quello che mi interessava però non era essere più brava degli altri, il mio obiettivo rimaneva migliorare me stessa, quindi ho studiato davvero tanto.

Il lavoro dei giudici serviva anche a questo, nel senso che di loro ho ricordi belli e brutti, belli perché mi hanno spronata tantissimo, anche se vi devo dire che sono i cazziatoni che alla fine servono per darti una mossa, e dico grazie anche a quelli. Se mi avessero detto ogni volta che ero brava e che andava tutto bene, col cavolo che mi sarei messa a studiare tanto! È stato il continuo mettermi in discussione ad aiutarmi. La consapevolezza dei miei limiti. Compreso quello di essere rimasta sempre nel mio paesello a cucinare contadino. La mia cucina a chilometro zero l'ho pagata, in certe prove, come quando mi hanno chiesto di cucinare cinese, perché fuori dalla mia zona di sicurezza mi sentivo persa. Adesso sono curiosa di conoscere altre cucine, più sperimentali e raffinate. Mi piaceva moltissimo ascoltare Alida, che più di me ha avuto la possibilità di girare per ristoranti e assaggiare la cucina dei migliori chef. Io ho imparato tantissimo da lei solo sentendola parlare.

Piano piano ho capito anche chi veramente tra i concorrenti ne sapeva di più ed era disposto ad aiutarmi, a confrontarsi, perché magari io non sapevo tanto di certe cose, però sulla sfoglia, oppure sui lievitati, che per me sono cose semplici e banali, altri erano molto meno sicuri. Lorenzo, Alida, Gio-

Momenti brutti: il mio primo pressure. Momenti belli: Cannavacciuolo che si complimenta con me e Giovanni per il pasticcio di luccio

vanni, Ivana, con loro sì che mi sono trovata... Con loro non c'era competizione, eravamo uniti dall'amore per la cucina, dal desiderio di conoscerla sempre più a fondo, dalla passione per quanto stavamo facendo. Quella che ho ancora adesso, che magari cerco nei libri, lì la percepivo da loro. Ci scambiavamo idee, suggestioni, consigli, attrezzi, è stata la cosa che più mi è piaciuta di quel periodo. Anche se con gli altri concorrenti non è stato per niente facile, e non l'ho mai nascosto, ho evitato ogni ipocrisia, perché io sono un libro aperto, non perdo tempo a fingere amicizie inutili, prenderei in giro me stessa per prima. Il mio isolarmi da certe situazioni che per me erano scomode non è mai stato visto granché bene, sono sempre stata la pecora nera, ma lo sono stata con orgoglio.

«Tu che facevi solo crostatine», mi ha preso in giro Lorenzo dopo che mi hanno proclamata vincitrice. Non con l'invidia rancorosa dell'eliminato, con il sarcasmo amaro dello sconfitto, ma con la sincera ammirazione di un amico che conosce perfettamente il mio percorso. E la determinazione e la sincerità con le quali l'ho affrontato.

Sono convinta che il mio essere me stessa mi abbia premiata, perché le persone mi hanno apprezzata per quella che sono, hanno avuto modo di conoscermi davvero, e non un'Erica finta e di circostanza, una macchietta studiata ad arte per andar bene a tutti, meglio pochi ma buoni. Amici veri.

E infatti ognuno di loro ha contribuito a questo libro con una ricetta e un ricordo della nostra avventura comune.

Momenti bellissimi: la sera della finale. Sotto gli occhi di tutti, prima. E nella dispensa di MC dopo, a festeggiare fino all'alba!

A spasso nei campi

L'azienda agricola di famiglia si trova a Conventello, nella piena campagna ravennate, una terra carica di millenni di storia, a pochi passi dal mare. Come dice mio zio Giuseppe, è il frutto del nostro lavoro, di un po' di intelligenza e dell'aiuto di Dio.

È qui, in queste fertili terre dell'entroterra comprese tra i fiumi Senio e Lamone, che la mia famiglia, prima mio nonno Mario e i suoi fratelli Anteo e Giannetto, poi i tanti figli e nipoti, è riuscita negli anni, a suon di fatiche, ma anche con tanto entusiasmo e grandi soddisfazioni, a costruire un'azienda agricola moderna, in cui convivono la coltivazione di seminativi, frutteti e vigneti e un allevamento modello dove 140 vacche producono ogni giorno quintali di latte di ottima qualità.

La nostra è una tipica azienda a conduzione familiare nella quale sopravvive lo spirito delle tradizioni, un esempio di stirpe contadina dove le diverse generazioni concorrono ancora a una affiatata gestione unitaria. Una storia, quella della mia famiglia e della sua azienda, così unica eppure così simile a quella di tanti altri allevatori italiani. Un'epopea che ha inizio nel lontano dopoguerra, quando da Bagnacavallo i Liverani si spostano nel piccolo podere sulle rive del Lamone acquistato dopo anni di lavoro e sacrifici, e che continua nel periodo del boom economico, quando le campagne intorno a Ravenna si spopolano, quando i giovani vengono attratti dalle lusinghe della vita comoda, ma noi, innamorati della natura, degli animali e della vita rurale, restiamo. E, come i miei fratelli e i miei cugini, io qui sono nata e cresciuta, nella stalla e nei campi. È qui che ho fatto nascere il mio primo vitellino, perché se vivi in campagna impari presto che quando deve partorire una mucca, lei da sola non ce la fa; si vedono i piedi del vitellino che escono, li devi legare con la corda, e poi bisogna tirare tutti. Quando sta per sgravare iniziano a chiamare a gran voce, e tu devi lasciare quello che stai facendo e andare a tirare una corda finché non nasce un vitellino. È talmente parte di me che neppure rammento la prima volta, da che mi ricordi l'ho sempre fatto. Oggi qualcuno potrebbe considerarla una forma di *team building*, per noi era un rituale che cementava l'unione familiare, creava coesione, anche se con tutti gli uomini che c'erano non era sicuramente la forza di una bimbetta a tirar fuori il vitello. Sempre così, quando c'è qualcosa da fare, si fa tutti insieme. Ti fa crescere, ti insegna fin da subito l'etica del lavoro. Credo sia un concetto molto più difficile da spiegare a un bambino, un ragazzino cui non sia mai stato fatto fare nulla, uno che ha sempre trovato la cena in tavola, il letto rifatto e i panni puliti nell'armadio. E poi un giorno, dal nulla, gli dici che deve lavorare, deve iniziare anche lui a collaborare. Ma lui non saprà che cos'è la collaborazione. Secondo me è una cosa che non può essere spiegata, va semplicemente applicata, dimostrata. Da quando sono nata, in casa mia si collabora sempre, in ogni cosa, anche nelle faccende che non ti piacciono, ovviamente. Anzi, in quelle con più impegno ancora, se possibile. Come nella raccolta delle pesche, ma ne parleremo più avanti.

Io e Luca in braccio al nonno Mario, e tutti i cugini intorno. È morto quando avevo 3 anni ma mia mamma dice che mi voleva un bene da morire. Aveva perfino imbottito di gommapiuma il cannone della bicicletta per farmi sedere sul morbido mentre mi portava in giro. Ho sempre pensato che sia stato lui ad avermi salvata quando ero in fin di vita

Anche in cucina si collaborava sempre. Io ho cominciato aiutando la nonna a fare il formaggio campagnolo, lo mettevamo in un sacchetto di garza che serviva per scolare il liquido in eccesso e per filtrare e poi col formaggio freschissimo, che veniva schiacciato insieme alla mostarda, ci preparava i panini. Oppure ci faceva disporre le noccioline e lo zucchero sui tortellini di pastafrolla e con la pila mi faceva guardare dentro la stufa per controllare le cotture. Aveva una vecchia stufa economica, quelle bianche in maiolica con lo sportello della legna a sinistra, e a destra c'era il forno. Ma era un attimo che il vetro diventava nero, e quindi ti serviva una pila per guardare dentro. Quello era il mio ruolo.

Con zio Giuseppe e tutti i miei cugini, al cospetto del toro Serpico

Fino al giorno in cui, animata dal desiderio di fare una sorpresa a mia mamma, ho deciso di farle una torta margherita, ma… Non è che non sapevo leggere, però la bilancia secondo me non era tarata in grammi ma in once o qualche altra unità di misura, fatto sta che ho preparato una torta immangiabile, ci ho messo talmente tanto zucchero che aveva fatto sopra una crosta bellissima. Sembrava essere lievitata bene, e quella enorme quantità di zucchero si era cristallizzata sopra e aveva fatto credere in un risultato meraviglioso, ma quando l'abbiamo tagliata è collassata tutta perché era praticamente solo zucchero, dentro si era formata una cavità, senza nulla intorno. Ma se escludiamo quel dolce mal riuscito, ho sempre fatto tutto, dalle tagliatelle alle verdure cucinate sulla griglia. Era normalissimo che con mia mamma andassimo a lavorare nei campi e che a un certo punto lei mi rispedisse a casa, con l'incarico di mettere le verdure nel brodo, e così andavo nell'orto, raccoglievo due carote, prendevo i pomodori, e poi lavavo, tagliavo, sbucciavo, mettevo nella pentola del brodo. Adesso non lascerei mai in gestione una pentola di brodo bollente a un bambino di otto anni, non gli chiederei mai e poi mai di buttarci dentro delle verdure dopo averle raccolte, mondate, tagliate. Né tantomeno mi verrebbe mai in mente di metterlo a fare la sfoglia, a preparare pasta e sugo per un'intera famiglia.

Però evidentemente è servito…

Una gita scolastica: a casa mia! I Liverani sono sempre stati molto ospitali e tutte le classi della scuola elementare di Savarna venivano in gita a ca d'Raflo!

In cucina con Emma

La cosa più difficile, durante *MasterChef*, è stata stare lontana da mia figlia, da Emma. Tutto quel tempo da sola in un residence mi ha dato però modo di riflettere e di ragionare molto sul nostro rapporto. E sul modo in cui si sviluppa nel tempo, anche in cucina. Anche perché durante le registrazioni del programma continuavano a farmi domande su di lei, e su come il suo arrivo avesse modificato il mio modo di fare da mangiare. E io rispondevo sempre la stessa cosa, ovvero che non lo ha cambiato per nulla.

Io ho sempre cucinato in questo modo. Non mi ero mai buttata verso il sintetico e l'artificiale per poi tornare ai prodotti naturali perché fanno meglio a Emma. Io così sono stata cresciuta, e così vado avanti, la considero una specie di politica di famiglia.

Anche ora, che dedico sempre più tempo alla cucina, con passione e dedizione, lei e io mangiamo le stesse cose, impiattate anche allo stesso modo. Perché ho sempre pensato che ad assecondare i capricci dei bambini non si ottiene nulla. Troppe volte ti dicono di no solo per trasgredire, troppe volte chiedo a Emma se vuole la tal cosa e la prima risposta è spesso un no. Non gliela do, e dopo un minuto la vuole. Se avessi assecondato ogni suo no, adesso mangerebbe solo tre cose.

Lei e io abbiamo stretto un patto silenzioso. Quando cucino Emma mi aiuta sempre, anche solo con la presenza. Se vado in cucina a scaldarmi l'acqua per il tè, lei dice: «Io ti voglio aiutare» e arriva con la sua sedia.

Una notte stavo impastando, mi piace preparare l'impasto per il pane di notte, come un vero fornaio, mi toglie i pensieri dalla testa, mi rilassa. L'impastatrice faceva rumore e ho sentito che si è svegliata, sono andata in camera sua chiedendole se volesse l'acqua, e lei mi ha risposto che no, voleva alzarsi e venire ad aiutarmi. Perché aveva sentito l'impastatrice.

Emma è già pronta per Junior MasterChef

Lei sa che le faccio sempre fare qualcosa, che ho bisogno del suo aiuto, anche solo per mettere i semini sui biscottini, e non poteva dormire sapendomi in difficoltà.

Forse in una cosa mi ha cambiato, però. Io che sono straprecisa, pignola anche nell'orientare un germoglio, mi faccio andar bene che lei metta i semi di papavero a mucchi sul pane, o che sui biscotti metta dieci stelline tutte appiccicate, quando io le avrei messe col goniometro, alla stessa distanza una dall'altra. E quindi pur di averla vicino mi faccio andar bene la manualità di una bambina di due anni. Ma è giusto così. E poi lei mangia i suoi biscotti e io i miei, perché a lei ovviamente piacciono di più quelli che si è fatta da sé, perché sono pieni di stelline e di semini.

Quello che invece mi terrorizza è vedere persone che fanno di tutto per adeguarsi ai capricci dei bambini, senza capire in quale gorgo si stanno cacciando. Mi sembra che si stia diffondendo una cultura dell'alibi, portata avanti da genitori che non hanno voglia di assumersi le proprie responsabilità. E trovano quindi, per sé e per i propri figli, ogni genere di giustificazioni, come se per tutto dovessero trovare un capro espiatorio anziché interrogarsi sui perché. Se un bambino viene preso in giro oppure va male a scuola la colpa sarà

sempre dell'insegnante, se è grasso sarà costituzione fisica, se è anemico e malaticcio la colpa sarà dell'inquinamento e se non parla con i genitori sarà per via di amici sbagliati. Perché non iniziamo ad ammettere che se nostro figlio è sovrappeso i primi ad averne la colpa siamo noi? E che noi siamo responsabili della corretta educazione alimentare dei nostri bambini, per rispetto verso di loro ma anche verso la società che poi dovrà sobbarcarsi i costi sanitari che l'obesità comporta.

Se la mattina prima di andare a scuola metto in mano a mio figlio una bella merendina, sterile e ben confezionata così non sporca la cartella, poco importa se è piena di olio di palma, nitriti e nitrati, bromato di potassio, Propyl Parabene o altre schifezze dannosissime. L'importante è avere risparmiato tempo. Ma ai danni che gli sto procurando, nel breve e lungo termine, non ci penso?

E poi, il tempo che avrò risparmiato in modo così inutile lo perderò quando fra qualche mese o anno dovrò portarlo dal dietologo, a fare ginnastica per dimagrire, o peggio ancora dall'ortopedico o dallo psicologo. Perché?

Io penso che se vogliamo davvero bene ai nostri bambini allora dobbiamo cominciare a investire una parte del nostro tempo per insegnare loro (ma anche a noi stessi) una cultura del cibo.

Gli effetti positivi saranno a cascata.

Il tempo che trascorreremo insieme in cucina sarà gioco, sperimentazione, educazione e ci aiuterà a costruire con i nostri figli una relazione sempre più solida e consapevole.

Perchè le pesche, con un pò di fantasia, ci sono anche in inverno!

Prima di cominciare a cucinare vi do qualche indicazione, magari un po' da pignola, per guidarvi nella preparazione delle ricette che seguono.

Troverete specificato il tempo di preparazione e cottura; ammollo, congelamento, addensamento, se presenti, sono a parte. Questi tempi, in ogni caso, si ammortizzano benissimo portandosi avanti con le altre preparazioni, è un insegnamento che ho mandato a memoria in trasmissione.

Gli ingredienti delle ricette, se non diversamente specificato, sono per quattro persone. Non meravigliatevi se vi sembreranno piccole quantità, io le ho pensate per porzioni gourmet, parte integrante di un menu, come se fossimo in un ristorante di alto livello, oppure a *MasterChef*: dove ho capito che, se devi impiattare bene, vale sempre la regola *less is more*. Che praticamente significa che meno roba metti nel piatto, meglio si presenta.
Questo non vuol dire che mi sono dimenticata cosa voglia dire servire il pranzo a chi rientra dopo una mattinata di lavoro nei campi, quindi se pensate che i vostri commensali abbiano un robusto appetito, o semplicemente dovete preparare una cena fra amici, basta che raddoppiate le dosi e serviate col ribaltabile, il sapore non cambia!

In questo libro troverete tutti i consigli e le dritte per preparare al meglio i piatti, l'unica cosa che non posso fornirvi è quella sorta di sesto senso culinario che permette di riconoscere quando una cottura è perfetta, quel lampo che ti fa intuire quando sfornare una torta o spegnere il fuoco sotto una salsa. Non lo si può imparare da un libro, potete svilupparlo e affinarlo solo con l'esperienza. Cucinate tanto, con calma e passione, e giorno dopo giorno i vostri piatti diventeranno sempre più belli e più buoni.

Ricette

Un aspetto cruciale della vita contadina, e con essa della sua cultura alimentare, è quello che assegna al cibo importanza oltre che nutritiva anche simbolica rispetto allo scorrere del tempo. La ciclicità delle stagioni trova riscontro nel tipo di alimentazione e uomini e donne, e più ancora i bambini, iniziarono a collegare la preparazione e il consumo di questo o quell'alimento a una determinata ricorrenza del calendario: il Natale aveva i suoi piatti e così la Pasqua; Carnevale non era Quaresima e l'estate non era inverno. È stata questa sintonia fra l'uomo e la natura a gettare le basi della cucina popolare.

Immaginando come strutturare il mio libro mi è venuto spontaneo tenere fede a questi princìpi, che sono strettamente legati alle mie origini. Le ricette sono ordinate quindi secondo un criterio stagionale, perché zucca e castagne non le troverete mai buone in primavera, i pomodori invernali non sapranno di nulla, le ciliegie sarà arduo reperirle in autunno, e il pesce difficilmente sarà fresco nei periodi di fermo pesca.

Inoltre, pensando a come sono cresciuta e a come mi piace vivere e cucinare, ho immaginato un ricettario molto legato alla mia terra. Non è solo un ragionamento localista, o salutista, ma lo considero un modo per mangiare cibi più saporiti e profumati, con la consapevolezza che una fragola che ha passato giorni e giorni in una cella frigorifera, in un camion o al supermercato, non sarà mai la stessa fragola appena raccolta.

Cercate quindi di tenere a mente quanto più possibile le stagionalità e di rifornirvi quotidianamente, o quasi. A tutti, credo, piacerebbe conoscere un contadino da cui comprare alimenti sani, freschi, buoni. Mi rendo conto che non sia sempre possibile, soprattutto se si vive nelle grandi città. Accertatevi però sempre, quando fate la spesa al mercato, che la freschezza, il colore e il profumo siano rispettati, perché rimangono il primo e inequivocabile segnale di qualità.

Le quattro
stagioni

Primavera

La primavera per me comincia a San Giuseppe. Il 19 marzo secondo il calendario astronomico è ancora inverno, a voler essere pignoli, ma i peschi e gli anemoni sono già fioriti e c'è voglia di scrollarsi il freddo di dosso e uscire all'aria aperta. San Giuseppe porta con sé erba fresca, fresche viole, nidi, uccelli e lieto sole, come dice la filastrocca.
E poi mio zio si chiama Giuseppe, lui che mi ha insegnato l'ottimismo e la fiducia, lui che ha sempre pronta una perla di saggezza campagnola da regalare al proprio interlocutore. «L'uomo è come un aquilone, se gli dai del filo va su», mi ha detto prima che iniziassi le registrazioni di *MasterChef*. E io ne ho fatto tesoro.

Per San Giuseppe organizziamo una grande festa in campagna, giù alla casa del Fosso Vecchio, e finiamo per fare il tiro alla fune, la corsa con i sacchi, giocare a carte e altre cose che sembrano congelate nel tempo, e poi il fuoco, la graticola, la carne, ovviamente il vino che non manca mai, basta poco per rallegrare gli animi.
Ci si ritrova per la prima volta di nuovo insieme dopo tanto tempo, perché comunque non tutti i miei parenti adesso lavorano in campagna, anch'io ho scelto di lavorare fuori, e quindi è una delle poche occasioni in cui ci riunisce tutti, si fa la conta di chi c'è e si manda un pensiero a chi non c'è più, e un altro inverno ce lo siamo lasciato alle spalle.

Facile e veloce da preparare, questo aperitivo è l'ideale per iniziare nel modo giusto una cena, o per premiarsi alla fine di una giornata di lavoro. Inutile dirlo, solo le fragole di stagione faranno onore a questo cocktail... Se vi viene voglia di farlo in autunno, lasciate stare: spendereste tempo e denaro per un risultato senza sapore.

Aperitivo alle fragole

INGREDIENTI

- 500 gr di fragole mature
- 500 ml di prosecco
- 80 gr di zucchero
- Il succo di mezzo limone
- 60 gr di ghiaccio

TEMPO
10 MINUTI
DIFFICOLTÀ

PROCEDIMENTO

Frantumate il ghiaccio con un matterello o un batticarne, non prima di averlo avvolto in un canovaccio.

Mondate e lavate le fragole, scegliete le quattro più belle e mettetele da parte senza eliminare il picciolo verde, serviranno per la decorazione.

Frullate a massima velocità lo zucchero, il succo di limone e le fragole, aggiungete il ghiaccio e continuate a frullare. Passate al colino, unite il prosecco e versate.

Per la decorazione utilizzate le fragole messe da parte incidendole alla base, in modo da inserirle nel bordo dei bicchieri.

Potete farne anche una variante analcolica sostituendo il prosecco con acqua frizzante o succo d'arancia.

Chi dice che la piadina si arrotola, o non l'ha mai assaggiata o è andato a scuola di cucina dal più grande degli illusionisti. O almeno così diceva una pubblicità che ho letto una volta su una rivista. È vero, oltre che sbagliato, è difficile se non impossibile arrotolarla senza spezzarla. Ed è anche vero che se la fame è tanta e il tempo è poco la soluzione perfetta è una piadina sopra, una sotto, prosciutto crudo, squacquerone e rucola nel mezzo, e il pranzo veloce (e squisito) è servito. Ma qui vi insegno a farla come la farebbe Houdini. O quasi...

Piadina gourmet

INGREDIENTI

- Un impasto per piadina *(vedi ricetta p. 192)*
- 100 gr di prosciutto crudo
- 100 gr di squacquerone
- 50 gr di rucola

TEMPO
30 MINUTI
DIFFICOLTÀ

PROCEDIMENTO

Stendete l'impasto e con un coppapasta del diametro di 3 o 4 cm ricavatene dei dischetti che cucinerete come fossero piccole piadine.

Per la farcitura stendete sul piano di lavoro inumidito un foglio di pellicola per alimenti, disponetevi sopra le fette di prosciutto crudo sovrapponendole leggermente in modo tale da coprire bene tutta la superficie. Spalmatevi sopra lo squacquerone e infine la rucola fresca.

Con l'aiuto della pellicola formate un rotolino stretto che metterete nel freezer sino al congelamento. Tagliate a rondelle il rotolo e disponetele sulle piadine. Il risultato finale sarà un modo carino e magico per assaporare la tradizione rivisitata.

La primavera è la stagione delle fave e, che le gustiate crude o cotte, il loro inconfondibile sapore non potrà fare altro che farvi venire l'acquolina in bocca; e la cosa bella è che fanno bene grazie al loro eccellente apporto proteico, al loro alto contenuto di vitamine, ferro e potassio.

Sformato di ricotta al pesto di fave e pistacchi

INGREDIENTI

Per lo sformato

- 150 gr di ricotta di pecora
- Erbe aromatiche fresche (basilico, timo, maggiorana, erba cipollina)
- 4 uova
- La scorza di ½ limone
- 75 gr di olio EVO
- 50 gr di parmigiano grattugiato
- Sale e pepe

Per il pesto

- 150 gr di fave fresche, sgusciate e pelate
- ½ spicchio di aglio
- 10 foglie di menta
- 200 gr di olio EVO
- 30 gr di pistacchi sgusciati
- Sale
- Pepe bianco

PROCEDIMENTO

Per preparare lo sformato amalgamate con una frusta la ricotta e le uova. Aggiungete il trito di erbe aromatiche, la scorza del limone, l'olio e il parmigiano. Salate e pepate. Mantecatelo bene, quindi stendetelo su una piccola teglia allo spessore di 2 cm.

Fatelo cuocere per 20 minuti nel forno preriscaldato a 140°C.

Preparate intanto il pesto; nel mortaio o nel mixer unite le fave, l'aglio, la menta, l'olio e i pistacchi. Pestate (o se proprio non ne avete il tempo, frullate) fino a ottenere una salsa cremosa.

Ricavate delle mattonelle dallo sformato e servitele accompagnate dal pesto di fave.

TEMPO
40 MINUTI
DIFFICOLTÀ

Lo so che penserete che sono matta, leggendo gli ingredienti di questa ricetta. Ma l'abbinamento fra mortadella e pesce non me lo invento io, ma veri e propri mostri sacri come Fulvio Pierangelini o Gian Paolo Raschi lo hanno sperimentato prima di me. E se poi usate l'acetosella, con il suo tipico sapore aspro e acidulo come collante, allora state certi che il risultato è garantito.

Laghi, monti, tradizioni

INGREDIENTI

- 300 gr di filetto di storione
- 100 gr di mortadella tagliata spessa
- Un avocado
- Qualche scaglia di cocco fresco
- 100 gr di burro
- Qualche punta di cavolo romano
- 200 gr di acetosella
- Olio EVO
- ¼ di cipolla
- Uno spicchio di aglio
- Sale e pepe

PROCEDIMENTO

Dividete l'acetosella in tre parti. Aromatizzate l'olio con uno spicchio di aglio schiacciato e la prima parte tritata.

Fondete il burro in un pentolino con la seconda parte, poi rimuovete le foglie e lasciate raffreddare. Sbollentate pochi minuti il cavolo, quindi fermatene la cottura immergendolo in acqua e ghiaccio.

Tagliate a cubetti regolari lo storione e la mortadella, condite con l'acetosella residua, sale e pepe.

Realizzate ora la salsa frullando l'avocado, il cocco, un pezzetto di cipolla, 10 foglie di acetosella, olio, sale e pepe.

Componete il piatto mettendo alla base una cucchiaiata di salsa di avocado, adagiatevi sopra la tartare di storione aiutandovi con un coppapasta; a fianco disponete le quenelle di burro aromatizzato alternate alle punte di cavolo. Decorate con un filo d'olio aromatizzato all'aglio e acetosella.

TEMPO **10 MINUTI**
DIFFICOLTÀ

Soffice e profumatissimo, il soufflé, se riesce, è una vera emozione per il palato. Questo l'ho creato pensando alla primavera. Gli ingredienti devono venire esaltati da una cucina attenta, raffinata, delicatissima, che moltiplichi le caratteristiche di ognuno di loro.

Soufflé agli asparagi su salsa allo zafferano

INGREDIENTI

- 12 asparagi lessi
- Un cucchiaio di parmigiano
- 3 albumi
- 4 tuorli
- Una grattugiata di noce moscata
- Sale e pepe
- 20 gr di farina
- 20 gr di burro
- 120 gr di latte

Per la salsa

- 20 gr di burro
- 20 gr di farina
- 200 ml di brodo vegetale
- Una bustina di zafferano
- Sale

PROCEDIMENTO

Tritate i gambi degli asparagi nel mixer e conservatene le punte.

In una casseruola fate fondere il burro, unite prima la farina e poi il latte. Cuocete a fiamma moderata fino a fare addensare il composto, salate, pepate e lasciate raffreddare; quindi unitevi il trito di asparagi, il parmigiano e una grattatina di noce moscata.

Aggiungete ora i tuorli e infine gli albumi montati con un pizzico di sale. Distribuite il composto negli appositi stampini monodose, che avrete imburrato e spolverizzato di pangrattato. Cuocete a 170°C per 25 minuti circa.

Nel frattempo preparate la salsa: in una pentola capiente fate sciogliere il burro a fuoco lento, unitevi la farina setacciata e mescolate fino a ottenere un composto omogeneo. Unite a filo il brodo vegetale caldo in cui avrete sciolto lo zafferano, e mescolate sino a ottenere una crema leggermente densa. Regolate di sale e pepe.

Servite il soufflé caldo sulla salsa allo zafferano e guarnite con le punte di asparagi.

TEMPO
45 MINUTI
DIFFICOLTÀ

L'idea giocosa per questa ricetta nasce dal desiderio di rinnovare la mia preparazione tradizionale preferita, i cappelletti appunto, ma anche da quello, quasi maniacale, di proporre una portata, perfettamente condita, che una volta terminata lasciasse il piatto pulito, immacolato.

Cappelletti invertiti

INGREDIENTI

Per la sfoglia

- 3 uova
- 200 gr di farina 00
- 100 gr di semola rimacinata

Per il ripieno

- 300 gr di asparagi
- Una cipolla
- 6 gr di colla di pesce
- Sale

Per il condimento

- 100 gr di parmigiano
- Un piccolo tartufo nero
- Olio EVO
- Una grattugiata di noce moscata
- Sale

PROCEDIMENTO

Mentre la sfoglia riposa *(vedi ricetta p. 172)* mettete la colla di pesce in acqua fredda ad ammorbidirsi.

Sbollentate gli asparagi tagliati a tocchetti. Nel frattempo fate stufare dolcemente la cipolla con un cucchiaio d'olio, quindi aggiungete gli asparagi. Cuocete pochi minuti, salate e frullate il tutto con 100 ml di acqua di cottura degli asparagi.

Setacciate la crema così ottenuta e unitevi la colla di pesce. Mettete il tutto nell'abbattitore per accelerarne la gelificazione.

Usando il sac à poche disponete il ripieno freddo sulla sfoglia da cui avrete tagliato dei dischi da 5 cm di diametro. Richiudete a mezzaluna e formate i cappelletti sigillando gli angoli opposti.

Grattugiate il parmigiano e la noce moscata e mettetene una spolverata sul fondo dei piatti.

Lessate i cappelletti in acqua salata per pochi minuti, scolateli bene e adagiateli sul parmigiano. Guarnite tutto con olio EVO e scaglie di tartufo.

TEMPO
60 MINUTI
DIFFICOLTÀ

Le animelle sono delle ghiandole presenti nel collo dei giovani bovini e ovini, la parte che per noi umani corrisponde al timo. Hanno consistenza tenera e cedevole, e sapore delicatissimo, che ricorda quello del latte.
In cucina trovano svariati impieghi, nella tradizione romana l'animella viene cucinata soprattutto fritta, altrove spesso è abbinata ai carciofi. Ma è stato il maestro Marchesi, che da sempre le apprezza, a elevarle a vera e propria opera d'arte; così è nata l'*Animella alla Fautrier*, la cui foto aprì una mostra su arte e cibo allestita al Parlamento Europeo di Bruxelles nel 2010.

Risotto con le animelle

INGREDIENTI

- 150 gr di animelle di vitello, ben ammollate
- Un lt di latte
- Un paio di rametti di timo
- Qualche foglia di alloro
- Uno spicchio di aglio
- Pepe in grani
- Olio EVO
- Sale e pepe
- 100 gr di farina
- Un uovo
- 100 gr di pangrattato
- ½ lt di olio di arachide
- 1,5 lt di fumetto di pesce
- 12 gamberi rossi
- 300 gr di riso Carnaroli
- 50 gr di burro
- 250 ml di vino bianco
- Un cucchiaio di parmigiano

PROCEDIMENTO

Mettete le animelle in una pentola con il latte freddo, l'aglio, il timo, l'alloro e il sale. Portate a bollore, quindi spegnete e lasciatele raffreddare. Spellatele e tagliatele a tocchetti, che passerete nella farina, poi nell'uovo e infine nel pangrattato. Friggetele in olio di arachide.

Preparate ora il risotto facendo tostare il riso nel burro, sfumate con il vino bianco e aggiungete poco alla volta il fumetto di pesce fino a cottura. Mantecate con burro e parmigiano.

In un piatto piano disponete una porzione di risotto con sopra i bocconcini di animelle, completate con i gamberi crudi e un filo d'olio EVO.

TEMPO
60 MINUTI
DIFFICOLTÀ

È un primo dal sapore unico, come solo le triglie sanno dare... Ovviamente, ma è sempre bene ripeterlo, le triglie devono essere freschissime e sfilettate alla perfezione.

Calamarata con triglie, olive taggiasche e caviale

INGREDIENTI

- 4 triglie
- Uno spicchio di aglio
- 200 gr di pomodoro fresco
- 30 gr di olive taggiasche
- Olio EVO
- Sale
- 20 pz di pasta formato calamarata (se tenete all'estetica del piatto magari aggiungetene qualcuno in più perché in cottura i bordi tendono a rompersi)
- 2 cucchiaini di caviale
- Prezzemolo

PROCEDIMENTO

Lavate le triglie, pulitele e sfilettatele. Fate molta attenzione a questo passaggio, e perdonatemi se ve lo ripeto, ma le lische in bocca sono davvero sgradevoli, e possono rendere sgradevole il piatto anche se il sapore è eccellente. Tagliate i filetti a listelli di 1 cm circa di lunghezza.

In una padella scaldate l'olio con lo spicchio di aglio in camicia e toglietelo una volta che abbia rilasciato l'aroma. Aggiungete il pomodoro a pezzetti e fatelo saltare a fiamma alta. Unite le olive e infine i bocconcini di triglia che si cucineranno all'istante. Spegnete subito il fuoco e spolverate con prezzemolo tritato finemente, regolate di sale e coprite.

Lessate la pasta in abbondante acqua salata e scolatela al dente. Ora, armati di santa pazienza, disponete cinque anelli di pasta per ogni piatto e riempiteli con il sugo di triglie. Terminate la preparazione con una puntina di caviale e un immancabile filo d'olio.

TEMPO
45 MINUTI
DIFFICOLTÀ

Dentro questo piatto ci sono io da piccola che stendo i ritagli della sfoglia con un mattarellino che il mio babbo mi aveva costruito segando un manico di scopa, mia sorella che grattugia il parmigiano e mia mamma col grembiule bianco che stende la sfoglia, quella vera, sempre nella stessa posizione, di fronte alla finestra. Il mio babbo li adora cotti nel brodo di carne così tutte le domeniche, anche in piena estate, a casa mia si mangiano i cappelletti in brodo, bollenti, e nessuno si stupisce del fatto che non sia proprio il piatto ideale per quel clima. Sono partita da una base tradizionale e ho apportato qualche modifica al condimento: asparagi vista la stagione, tartufo perché lo adoro e infine l'uovo marinato secondo la ricetta dello chef Cracco, perché lo avevo sperimentato qualche settimana prima e senza calcolarlo era capitato nel posto giusto al momento giusto: in frigo mentre preparavo la borsa con gli ingredienti per andare a Milano per i *live cooking*!

Cappelletti romagnoli con asparagi, tartufo e uovo marinato

INGREDIENTI

Per la sfoglia

- 3 uova
- 200 gr di farina 00
- 100 gr di semola rimacinata

Per il ripieno

- Un uovo
- 200 gr di grana padano
- 50 gr di parmigiano
- Una grattugiata di noce moscata
- La scorza grattugiata di un limone

Per il condimento

- 20 gr di burro
- 300 gr di asparagi
- Olio EVO
- Sale e pepe
- Tartufo bianco
- Un tuorlo d'uovo marinato 12 giorni (*vedi ricetta base a p. 182*)

PROCEDIMENTO

Impastate la sfoglia secondo la ricetta base *(vedi p. 172)* e lasciatela riposare per almeno 15 minuti.

Nell'attesa preparate il ripieno amalgamando i formaggi con l'uovo e la noce moscata grattugiata.

Lavate gli asparagi ed eliminate la parte fibrosa, tagliateli, e tenete da parte le punte. Lessate i gambi in acqua bollente e, una volta scolati, frullateli con olio, sale e pepe fino a ottenere una crema omogenea.

Ora sbollentate le punte tagliate a metà nel senso della lunghezza, scolatele e immergetele immediatamente in acqua e ghiaccio per fermarne la cottura e conservare il loro colore acceso.

A questo punto dovrete formare i cappelletti. So che non è un'impresa facile, ci vuole pazienza, ma il risultato sarà proporzionale all'impegno.

Una volta pronti, lessateli in acqua salata, scolateli e saltateli in padella con burro fuso, punte di asparagi, parmigiano grattugiato e tartufo a scaglie. Salate e impiattate, disponendo i cappelletti sopra alla crema di asparagi.

Guarnite il tutto con una generosa grattugiata di uovo marinato.

TEMPO
45 MINUTI
DIFFICOLTÀ

Le ultime patate rimaste dall'inverno sono perfette per fare gli gnocchi, soprattutto abbinate alle prime zucchine di stagione!

Gnocchetti allo zafferano con zucchine e gamberetti

INGREDIENTI

Per gli gnocchetti

250 gr di patate

100 gr di farina

Per il condimento

2 zucchine tonde

Una zucchina lunga

100 gr di gamberetti

Una bustina di zafferano

100 ml di panna

Uno spicchio di aglio

Olio EVO

Sale e pepe

TEMPO
50 MINUTI
DIFFICOLTÀ

PROCEDIMENTO

Lessate le patate, schiacciatele e impastatele con la farina. Da questo composto ricavate gli gnocchi facendo prima dei rotolini poi dei tocchetti.

Togliete la calotta alle zucchine tonde, svuotatele con uno scavino e sbollentatele per pochissimi minuti, devono rimanere sode. Scolatele e salatene l'interno.

In una padella scaldate l'olio con uno spicchio di aglio in camicia, aggiungete i gamberetti e saltateli a fuoco vivo; terminate con la parte esterna della zucchina lunga tagliata a julienne. Unite la panna e lo zafferano, aggiustate pepe e sale.

Cuocete gli gnocchi in acqua bollente salata, toglieteli non appena salgono in superficie e saltateli nella padella col condimento aggiungendo acqua di cottura quel tanto che basta per ottenere una cremina.

Impiattate riempiendo le zucchine svuotate con gli gnocchi.

Il cervo è una carne difficile da reperire fresca ma anche da cucinare, ha un sapore di cacciagione intenso per di più se utilizzato in una preparazione diretta e aggressiva come la tartare: ma la marinatura, il condimento appena agro e la cura nel taglio riequilibrano l'azzardo per un piatto inusuale ma di grande piacevolezza.

Tartare di cervo con infuso di bucce di patate

INGREDIENTI

- 300 gr di filetto di cervo
- 2 bicchieri di vino bianco secco
- Qualche bacca di ginepro
- Qualche grano di pepe nero
- Uno spicchio di aglio
- Olio EVO
- 2 cucchiai di senape
- Un cucchiaio di salsa di soia
- Qualche filo di erba cipollina
- Sale e pepe
- 2 patate
- 300 ml di acqua

PROCEDIMENTO

Per prima cosa lavate le patate, sbucciatele e mettete le bucce a essiccare in forno a 160°C per una decina di minuti finché non saranno dorate e croccanti. Portate a ebollizione l'acqua, quindi immergetevi le bucce tostate, coprite e lasciatele 8 minuti in infusione.

Tagliate il filetto a fette spesse un paio di cm, eliminate le eventuali pellicine o nervetti e mettete la carne a marinare nel vino dove avrete aggiunto le spezie e l'aglio per aromatizzarlo.

Dopo 30 minuti sgocciolate la carne e tagliatela a pezzetti piccolissimi e uniformi; è bene dedicare a questo passaggio qualche minuto in più poiché l'attenzione nel taglio è cruciale per una buona riuscita della tartare.

Ora condite la carne con senape, salsa di soia, olio, sale, una macinata di pepe ed erba cipollina tritata.

Aiutandovi con un coppapasta disponete la tartare in una fondina e versatele intorno l'infuso di patate.

TEMPO
20 MINUTI
+ 30 marinatura
DIFFICOLTÀ

Federico Gualtieri è il mio cuoco preferito. Di come ci siamo conosciuti quando ho fatto irruzione nella cucina del suo ristorante vi ho già raccontato. Credo che non finirò mai di ringraziarlo per tutti i consigli che mi ha dato, un giorno spero di diventare brava come lui! Questo piatto l'ho riprodotto a casa non possedendo né macchina per il sottovuoto né forno a vapore, adattando la ricetta alla mia cucina e il risultato è stato comunque ottimo! Così buono che mi ha permesso di entrare a *MasterChef*. Questo piatto è per Fede, questo piatto è di Fede.

La pescatrice in pineta

INGREDIENTI

- 4 tranci di rana pescatrice da 200 gr l'uno
- 4 asparagi
- 4 gamberi
- 8 fette di pancetta affumicata tagliate sottili

Per la crema inglese

- 250 ml di panna
- 3 tuorli
- 50 gr di parmigiano

TEMPO
100 MINUTI
DIFFICOLTÀ

PROCEDIMENTO

Sbollentate le punte degli asparagi in acqua salata, avendo cura di mantenerle croccanti.

Incidete i tranci di rana pescatrice lungo i fianchi, facendo attenzione a non tagliarli del tutto perché dovranno poi essere richiusi.

Inseritevi un gambero e un asparago, salati e pepati, e richiudete il trancio. Avvolgete il tutto con fette di pancetta e sigillate con la pellicola trasparente molto stretta.

Cucinate a vapore per 1 ora, quindi lasciate intiepidire.

Nel frattempo preparate la crema al parmigiano: scaldate la panna e aggiungetevi i tuorli amalgamati al parmigiano. Mescolate senza che raggiunga il bollore.

Togliete la pellicola dal trancio e passatelo in padella su entrambi i lati per rendere croccante la pancetta.

Impiattate mettendo alla base la crema inglese e sopra il trancio tagliato a metà, per svelarne il ripieno.

Potete accompagnare questo piatto con un contorno, io al provino avevo portato un tortino di spinaci, saltati con uvetta e pinoli.

In questa ricetta c'è un errore… i pomodorini non crescono naturalmente in primavera, a malapena hanno messo fuori dalla terra le prime foglioline. Ma in questo caso ho utilizzato quelli confit, preparati in estate, dove il loro profumo si sente da diversi metri, quando Emma va nell'orto e se li mangia direttamente dalla pianta talmente sono buoni e dolci.

Cosce di coniglio con lenticchie e pomodorini confit

INGREDIENTI

- 4 cosce di coniglio
- 100 gr di lenticchie lessate
- 250 ml di vino bianco
- Un filetto di acciuga sott'olio
- Uno spicchio di aglio
- 60 gr di pomodorini confit (*vedi ricetta p. 186*)
- Olio EVO
- Sale e pepe
- Rosmarino

PROCEDIMENTO

In un tegame fate imbiondire lo spicchio di aglio con 4 cucchiai di olio, unite le cosce di coniglio e fatele rosolare su tutti i lati, quindi sfumate col vino bianco.

Quando il liquido sarà evaporato unite l'acciuga e fatela sciogliere, aggiungete le lenticchie, un rametto di rosmarino, sale e pepe.

Abbassate la fiamma e proseguite la cottura per 20 minuti.

Impiattate accompagnando con le lenticchie e il fondo di cottura, decorate con i pomodori confit e un rametto di rosmarino.

TEMPO
60 MINUTI
DIFFICOLTÀ

Su questo piatto credo ci sia pochissimo da dire. È così bello da lasciare senza parole...

Carpaccio di spada e salmone, pesto, fiori

INGREDIENTI

- 300 gr di pesce spada tagliato sottile
- 300 gr di salmone tagliato sottile
- La scorza di ½ lime
- Sale rosa
- Pepe
- 10 foglie di basilico
- ½ spicchio di aglio
- 40 gr di pinoli
- 2 cucchiai di pecorino
- 30 gr di olio EVO
- Fiori eduli

ERBA CIPOLLINA
ARANCIO
GAROFANO
GELSOMINO
LILLÀ
MARGHERITA

TEMPO
10 MINUTI
DIFFICOLTÀ

PROCEDIMENTO

Nel mortaio pestate le foglie di basilico, l'aglio, i pinoli, il pecorino, l'olio, un pizzico di sale e i petali dei fiori fino a ottenere un pesto cremoso.

Tenete da parte alcuni petali per la decorazione.

Stendete un foglio di pellicola per ogni porzione e disponetevi, alternandoli, pezzetti di spada e di salmone, cospargeteli con sale, pepe e scorza di lime.

Coprite con un altro foglio di pellicola, quindi premete leggermente con il batticarne.

Togliete il foglio superiore e disponete la preparazione sul piatto aiutandovi con il secondo foglio.

Guarnite con il pesto e i petali.

Sono cose che accadono raramente, conoscersi, parlare per qualche ora e capire che quella persona è sulla tua frequenza, non sai quasi niente di lei, così come lei di te, eppure nei suoi occhi ti vedi e lei si rispecchia nei tuoi.
Al primo casting di MasterChef dopo poche parole scambiate con Erica, guardo mia figlia e le dico: «Lei sarà la nuova MasterChef». Ho continuato a ripeterlo a tanti, da subito, e anche a lei invitandola a crederci. È accaduto. Per lei ho rivisitato questa ricetta tradizionale pratese perché la amo particolarmente, e la ritengo quasi un incontro fra generazioni, con la tradizione che incontra il nuovo in una piacevole armonia capace di valorizzare sapori e ingredienti.
A noi due, ai nostri figli, alla nostra comune passione per la cucina. ***Ivana***

Il sedanburger

ricetta di Ivana Acciaioli

INGREDIENTI

- 400 gr di polpa di manzo
- ½ cipolla piccola o un cipollotto fresco
- 2 cucchiai di senape
- 2 uova
- Le foglie e le coste verdi più dure di un sedano
- 250 gr di pomodori ciliegini
- 30 gr di parmigiano grattugiato
- 150 gr di farina 00
- Olio EVO
- Sale e pepe
- Una grattugiata di noce moscata
- Una bustina di zucchero (4 gr)

TEMPO
40 MINUTI
DIFFICOLTÀ

PROCEDIMENTO

Tritate la cipolla, quindi la carne, unitevi la senape, un uovo intero, salate, pepate e impastate. Con l'apposito utensile formate 4 hamburger pressando bene; in mancanza della pressa si può usare un coppapasta e un pestacarne o anche il fondo di un bicchiere.

Lavate e lessate il sedano. Fatelo freddare, poi strizzatelo e tritatelo.

In una ciotola amalgamate il sedano tritato, un uovo intero, il parmigiano grattugiato, sale, pepe e un pizzico di noce moscata.

Cospargete abbondantemente di farina un foglio di carta forno, stendetevi uno strato di composto di sedano alto 1 cm e spolverizzate bene con altra farina. Usando un coppapasta ricavatene 8 dischi. Mettete in una padella l'olio e quando sarà caldo immergetevi le inconsuete polpette rotonde che andranno girate solo dopo che avranno formato la crosta; quando saranno dorati ambo i lati, adagiatele su carta assorbente. Nel frattempo cuocete gli hamburger su una piastra.

Tagliate a metà i pomodorini e sbollentateli appena, quel tanto che basta per poterli spellare. Mettete in una padella a fuoco vivo poco olio, una bustina di zucchero e un pizzico di sale, quindi saltatevi velocemente i mezzi pomodorini.

Tagliate a fettine il cuore del sedano, conditelo con olio EVO, sale e pepe.

Disponete nel piatto una cialda di sedano, mettetele sopra l'hamburger, coprite con i pomodorini e sovrapponetevi un'altra cialda, servite con accanto altri pomodorini e l'insalatina di sedano crudo.

Detesto quando si parla di ricette tradizionali e mi si dice «Ehhh, vabbè, ma è talmente semplice», sottintendendo che anche il gusto sarà banale e ordinario. Anche perché, se si insinua quest'idea nella mia testa, poi rischio di snaturare del tutto la ricetta. E davvero nella maggior parte dei casi non ce n'è ragione. Qui ho preso un dolce tradizionale squisito come la crostata di ricotta (quella ebraica con le visciole, come la fanno a Roma, è favolosa) e mi sono limitata a vestirla a festa per la primavera.

Crostata di ricotta e fragole

INGREDIENTI

Per la frolla

- 500 gr di farina
- 250 gr di burro
- 250 gr di zucchero semolato
- 80 gr di uova

Per il ripieno

- 130 gr di zucchero
- 375 gr di ricotta di mucca
- 3 uova
- 37 gr di fecola
- 500 gr di fragole
- La scorza di un limone
- Un pizzico di sale
- Gelatina per dolci
- Qualche foglia di menta fresca

PROCEDIMENTO

Pulite le fragole e tagliatene 150 gr a pezzettini piccoli.

Preparate la frolla *(vedi ricetta p. 174)* e mentre riposa in frigo fate il ripieno: montate le uova intere e lo zucchero con una frusta, unite la ricotta setacciata, poi la fecola, la scorza e il sale.

Stendete la frolla in una teglia, che avrete foderato con la carta forno, mantenendo il bordo alto in modo da contenere il ripieno, bucherellate il fondo con i rebbi di una forchetta e disponetevi la dadolata di fragole. Versate il composto di ricotta, livellatelo bene e cuocete in forno ventilato a 160°C per 35-40 minuti.

Una volta fredda decorate la torta con fragole tagliate a metà, lucidatele con la gelatina e guarnite con foglioline di menta.

TEMPO
60 MINUTI
DIFFICOLTÀ

«Il suo gusto è gradevole e piacevole in qualsiasi momento, facile da preparare, mescolando il cacao in acqua calda si otterrà una bevanda squisita. Le chicchere di maiolica trasparente sono i recipienti più adatti per servirla. Utile alla mente, tonifica il muscolo cardiaco e dolcifica i succhi gastrici; ha provate doti sedative, stimola gli umori e possiede poteri afrodisiaci.» Così scriveva già nel Settecento un trattatello pseudoscientifico. Oggi lo sappiamo con certezza, il cioccolato è un antidepressivo, soprattutto quello fondente, fa bene al cuore e alle arterie e fa abbassare il colesterolo. E soprattutto è il *comfort food* per eccellenza.

Tortino di cioccolato amaro e zabaione al caffè

INGREDIENTI

Per il tortino

- 125 gr di cioccolato fondente
- 125 gr di zucchero a velo
- 125 gr di burro
- 2 uova
- Un cucchiaio di cacao amaro

Per lo zabaione

- 6 tuorli
- 140 gr di zucchero
- Un bicchierino di rum
- Una tazzina di caffè forte

TEMPO
60 MINUTI
DIFFICOLTÀ

PROCEDIMENTO

Per prima cosa preparate il tortino che andrà servito freddo. In una casseruola fate sciogliere il cioccolato con il burro (meglio se a bagnomaria o, in alternativa, nel microonde) e amalgamateli.

In una bacinella sbattete le uova intere con lo zucchero a velo, quindi incorporate il composto di burro e cioccolato e continuate a montare.

Una volta che il composto avrà preso volume distribuitelo negli stampini monodose (in carta o in silicone) e cuoceteli a bagnomaria nel forno a 200°C per 15/20 minuti. Sfornateli, lasciate raffreddare quindi estraete i tortini dagli stampi. Spolverateli con il cacao amaro.

Al momento di servire preparate lo zabaione unendo i tuorli e lo zucchero in una terrina; montateli fino a ottenere un composto omogeneo, poi unitevi il caffè e il rum, senza smettere di mescolare.

Trasferite il tutto in una casseruola. Cuocete a bagnomaria sbattendo continuamente il composto, facendo attenzione che nella casseruola sottostante l'acqua non raggiunga mai il bollore. Quando lo zabaione diventerà gonfio e spumoso, spegnete la fiamma.

Servitelo ancora caldo accompagnato dal tortino al cioccolato.

Giusto per confermare la mia passione per la sfoglia, e soprattutto per i cappelletti, ecco cosa sono riuscita a inventarmi: cappelletti di sfoglia al cacao ripieni con la classica farcia dei cannoli siciliani. Sono orgogliosissima di questo dessert, una intrigante rivisitazione di due grandi classici.

Cappelletti siciliani

INGREDIENTI

Per la sfoglia

- 160 gr di farina
- 40 gr di cacao amaro
- 2 uova

Per il ripieno

- 250 gr di ricotta di pecora
- 100 gr di zucchero a velo
- 20 gr di arance candite
- 20 gr di gocce di cioccolato

Per servire

- Il succo di 2 arance
- 2 cucchiai di zucchero
- 20 gr di burro

TEMPO
60 MINUTI
DIFFICOLTÀ

PROCEDIMENTO

Impastate farina, cacao e uova, formate una palla e copritela con la pellicola. Lasciatela riposare 30 minuti.

Nel frattempo preparate il ripieno setacciando la ricotta e amalgamandola con lo zucchero a velo, a seguire le gocce di cioccolato e i canditi a pezzetti (o addirittura frullati: i canditi non piacciono a molti soprattutto per la loro consistenza, frullati aggiungono profumo senza disturbare).

Stendete la sfoglia molto sottile e con la rotella tagliate dei quadrati da 6 cm. Mettete un cucchiaino di ripieno, inumidite leggermente i bordi con un po' di acqua e chiudete i cappelletti.

La salsa si ottiene facendo ridurre in un pentolino il succo filtrato delle arance, unito allo zucchero, fino a ottenere la consistenza di una glassa.

Al momento di servire cuocete i cappelletti in acqua bollente per pochi minuti, scolateli e saltateli in padella con una noce di burro, serviteli accompagnati dalla salsa alle arance. Guarnite a piacere con lamponi e foglie di menta.

Estate

Io adoro l'estate. Il caldo, i profumi, il mare, tutto ciò che la natura ci offre per un lasso limitato di tempo. Ma qualche lato negativo è innegabile che ci sia, almeno per chi vive e lavora in campagna. Prima accennavo alla raccolta delle pesche, parlando di faccende che non mi hanno mai entusiasmata. Lo confesso, io sono sempre stata una gran dormigliona, e per la raccolta delle pesche bisogna alzarsi alle cinque e mezzo del mattino. È un'operazione per la quale hai a disposizione un solo giorno, perché quando i frutti sono maturi al punto giusto, il giorno dopo sarebbe troppo tardi raccoglierli, mentre il giorno prima sarebbero stati troppo indietro. Quindi ogni giorno si va nel campo a controllarli. E, quando arriva il momento, tutti quanti, grandi e piccini, si partecipa alla raccolta. È un lavoro di ore e ore, normalmente ci sono 40 gradi, quindi prima si inizia e prima si finisce. Adesso capisco perché si comincia all'alba, quando puoi godere ancora di un po' di fresco, ma da bambino ti scoccia da morire e basta. Però ci si alza e lo si fa. E con gli anni capisci, prendendo forza dalle cose che hai fatto controvoglia, che c'è sempre un modo per affrontare tutto.

Il cocomero secondo me è il frutto estivo per eccellenza! Mi mette di buonumore anche solo a vederlo e quando fa caldo non passa giorno senza che ne mangi una fetta. Questo aperitivo lo faccio ogni volta che si organizza una braciolata o una semplice cena fra amici. È una preparazione simile alla sangria ma rivisitata inserendo anche altri frutti. Ed è così divertente che la potrete fare insieme ai vostri bimbi.

Aperitivo nel cocomero

INGREDIENTI
per 8 persone

- Un cocomero intero
- Un lt di vino rosso leggero
- 100 gr di brandy
- 150 gr di zucchero
- 4 arance
- 2 mele
- 2 pesche noci
- Un limone
- 8 chiodi di garofano
- Un pezzetto di cannella
- Ghiaccio a cubetti

TEMPO
10 MINUTI
+ 120 macerazione
DIFFICOLTÀ

PROCEDIMENTO

Spremete tre arance e mettete il succo in una caraffa con lo zucchero, il vino, il brandy e la cannella. Tagliate la restante arancia e il limone a fettine, le mele e le pesche noci invece fatele a cubetti.

Infilzate i chiodi di garofano in qualche cubetto di mela e aggiungete il tutto alla caraffa con il vino. Riponete in frigorifero e lasciate macerare per un paio d'ore.

Nel frattempo occupatevi del cocomero: rimuovete la calotta con un coltello a una altezza tale da poterlo poi svuotare facilmente. Con un cucchiaio togliete la polpa e mettetela da parte. Il cocomero è ricchissimo di acqua e da questa operazione ricaverete moltissimo succo che andrete ad aggiungere al vino.

Al momento di servire versate l'aperitivo nel cocomero, inseritevi un mestolo e richiudete con la calotta.

Con la polpa del cocomero avanzata potete preparare una squisita granita.

Eliminate i semi da 300 gr di polpa, tagliatela a pezzi piccoli, poneteli su un vassoio e congelateli. Frullateli quindi nel mixer con il succo di mezzo limone e 10 foglie di menta fino a ottenere un composto del tutto simile a un granita.

Ormai siamo abituati ad averli a disposizione tutto l'anno ma melanzane, zucchine e peperoni sono ortaggi tipicamente estivi, così sapidi e intensi da sembrare piccoli scrigni di sole. Nulla è più buono e profumato delle verdure di stagione, appena raccolte nell'orto. E sono capaci di smuovere l'animo del più austero dei critici gastronomici, come ci ricorda il topolino Remy, piccolo chef del film *Ratatouille*.

Bignè alle verdure

INGREDIENTI

- Pasta choux (*vedi ricetta p. 177*)
- 200 gr di melanzane
- 200 gr di zucchine
- 200 gr di peperone rosso
- 100 gr di ricotta
- 3 rametti di maggiorana
- Olio EVO
- Sale e pepe

TEMPO
60 MINUTI
DIFFICOLTÀ

PROCEDIMENTO

Con un sac à poche munito di bocchetta liscia da 12 mm formate dei bignè di circa 3 cm di diametro adagiandoli su una teglia ricoperta da carta forno. Cuoceteli a 190°C per circa 24 minuti. Fateli raffreddare dentro il forno spento, avendo cura di lasciare lo sportello socchiuso e nel frattempo preparate il ripieno.

Tagliate le verdure a cubetti, e una alla volta saltatele in una padella molto calda con olio, sale e pepe.

Frullate le dadolate, avendo sempre l'accortezza di mantenerle separate; aggiungete un pizzico di maggiorana fresca alla melanzana e addensate le salse ottenute utilizzando la ricotta.

Tagliate la calotta ai bignè e, aiutandovi con il sac à poche, farciteli con le tre creme. Utilizzate sacche monouso oppure pulitelo bene prima di cambiare farcia per evitare che i sapori si mischino.

Questa ricetta rappresenta benissimo lo spirito giocoso con il quale, anche grazie a Emma, mi approccio alla cucina. Ho preso una ricetta degli anni Settanta, epoca in cui era gloria e vanto di ogni ricevimento di nozze, divenuta poi nel tempo tentazione indigesta di ogni buffet di antipasti, e l'ho smontata e rimontata conservandone solo l'elemento che le dà il nome, gli scampi.

Cocktail di scampi

INGREDIENTI

- 2 coste di sedano
- 2 mele verdi
- Un rizoma di zenzero fresco (piccolo)
- 50 ml di gin
- Un cucchiaino di zucchero
- 8 scampi
- La scorza di un lime
- Olio EVO
- Sale e pepe

TEMPO
10 MINUTI
DIFFICOLTÀ

PROCEDIMENTO

Sgusciate gli scampi e marinateli in olio, sale e pepe.

Pulite il sedano, togliete il torsolo alle mele e sbucciate lo zenzero. Centrifugate il tutto, aggiungendo il gin e lo zucchero.

Versate il succo nelle coppe da Martini, o in un altro bicchiere da cocktail, immergetevi gli scampi infilzati su dei bastoncini da spiedini e completate con una grattugiata di scorza di lime.

La versione tradizionale, quella da pizzeria, prevede che i gamberetti vengano annegati in una marea di salsa rosa. Se ne andate pazzi, potete facilmente prepararla in casa mescolando 200 gr di maionese con 2 cucchiai di ketchup, 2 di panna, 1 di senape, 1 di cognac e 1 di Worcester, salando e aggiungendo mezzo chilo di gamberi lessati velocemente.

Io preparerei da me anche la maionese, ovviamente, montando 2 tuorli con un cucchiaino di aceto, un pizzico di sale e pepe. Quando diverranno spumosi aggiungete 250 ml di olio di semi con tanta pazienza. Dovrà essere ben montata e ferma, solo allora aggiungete il succo di mezzo limone.

Per completare l'effetto Matrioska, potete facilmente preparare in casa anche il ketchup, ma almeno questa ve la evito.

Il tutto per ribadire che con ingredienti di prima scelta e un po' di amore anche il piatto più banale può diventare delizioso.

Fresco, profumato e leggero: il gazpacho è perfetto da servire nelle calde serate estive. Stupite i vostri ospiti con questa rivisitazione al melone che abbinerete con delle croccanti polpettine dal sapore esotico.

Polpettine esotiche di gamberi rossi e gazpacho di melone

INGREDIENTI

Per le polpettine

- 400 gr di gamberi rossi
- Olio EVO
- Sale e pepe
- La scorza di ½ lime
- 200 gr di cocco rapè
- Olio di semi per friggere

Per il gazpacho

- 400 gr di polpa di melone
- 60 gr di mollica di pane
- Olio EVO
- Aceto di mele
- Menta fresca
- Sale e pepe

TEMPO
45 MINUTI
DIFFICOLTÀ

PROCEDIMENTO

Frullate a immersione la polpa del melone con il pane bagnato, aggiungete 4 cucchiai di aceto, olio, sale e pepe fino a ottenere una crema omogenea e mettetela a riposare in frigorifero fino al momento di servirla.

Sgusciate i gamberi, rimuovete il budellino e tritateli finemente al coltello. Conditeli con olio, sale, pepe e scorza di lime.

Con le mani bagnate fate delle polpettine e adagiatele su un piatto su cui avrete versato le scaglie di cocco, rotolatele bene e infine friggete in abbondante olio di semi a 170°C.

Potete servire il piatto sotto forma di *finger food* utilizzando dei bicchierini di vetro, versandovi alla base il gazpacho, adagiandovi quindi le polpettine infilzate con uno spiedino di bambù e ultimando con foglioline di menta fresca.

Se invece volete proporre questa ricetta come antipasto o secondo potete fare polpette più grandi in modo tale che il cuore rimanga crudo e morbido, in contrasto col croccante della panatura al cocco.

La variante di piadina che ho scelto per l'estate è il crescione, in pratica un fagottino che racchiude un ripieno filante di pomodoro e mozzarella. È una preparazione piuttosto facile ma bisogna avere qualche accorgimento fondamentale per la buona riuscita. Per prima cosa il sapore: considero il pomodoro l'ortaggio più gratificante di tutta l'estate, infatti questa ricetta si potrebbe fare tutto l'anno ma volete mettere il profumo dei pomodori estivi? A Emma piacciono talmente tanto che li mangia nell'orto direttamente dalla pianta... a metri 0!
Questo per dirvi che l'ideale sarebbe fare la passata con i pomodori maturi e lasciarla restringere il più possibile perché l'inconveniente al quale si può andare incontro è che l'acqua in eccesso fuoriesca in cottura e si bruci. Sempre per questo motivo, meglio utilizzare la mozzarella per pizza perché più asciutta.

Crescione pomodoro e mozzarella

INGREDIENTI

- Un impasto per piadina *(vedi ricetta p. 192)*
- 500 ml di passata di pomodoro
- Olio EVO
- Sale
- Origano
- 500 gr di mozzarella per pizza
- Un albume

TEMPO **30 MINUTI**
DIFFICOLTÀ ⓜⓜ

PROCEDIMENTO

Aromatizzate la passata ristretta con olio, sale e origano.

Stendete le piadine come già spiegato. Con un pennello bagnato di albume inumiditene appena il perimetro per facilitare la chiusura del crescione.

Al centro disponete una cucchiaiata di pomodoro e qualche cubetto di mozzarella, non esagerate col ripieno, risulterebbero troppo bombate e ingestibili durante la cottura. Chiudete bene i bordi, se necessario aiutatevi con i rebbi di una forchetta.

Ora cuocetele nell'apposito testo o in alternativa in una padella antiaderente. Servitele caldi.

Questo è uno di quei piatti che possono nascere solo da una *Mystery box*. Un piatto apparentemente semplice, reso ardito dal condimento inusuale. Può sembrare lineare, quasi ovvio per chi lo legge oggi, tutto ordinato. Ma immaginate la mia faccia di fronte a tutti questi ingredienti alla rinfusa e alla necessità di cavarne fuori un piatto in tre quarti d'ora...

Ravioli di mare

INGREDIENTI

Per la sfoglia

- 3 uova
- 200 gr di farina 00
- 100 gr di semola rimacinata

Per il ripieno

- 16 scampi
- 1 zucchina
- Olio EVO
- Sale e pepe

Per il condimento

- Una seppia
- 1 zucchina
- 50 gr di pinoli
- 100 gr di pomodorini datterini
- Uno spicchio di aglio
- Olio EVO
- Sale e pepe
- 50 gr di lardo
- Una melanzana
- Qualche foglia di basilico

TEMPO
60 MINUTI*
DIFFICOLTÀ

*se non siete a *MasterChef*

PROCEDIMENTO

Impastate la farina e le uova *(vedi ricetta p. 172)* e mettete a riposare.

Preparate il ripieno, sgusciando e pulendo gli scampi, che poi batterete al coltello e condirete con olio, sale e pepe. Aggiungete la parte verde delle zucchine tagliata a brunoise.

Nel frattempo tagliate a julienne un'altra parte di verde delle zucchine e conditela con olio, sale e pepe.

Stendete la pasta ottenendo una sfoglia sottile. Coppatela ottenendo 12 cerchi del diametro di 6 cm. Mettete al centro un po' di ripieno e chiudete a mezzaluna.

Preparate il condimento tostando prima i pinoli che poi metterete da parte. In una padella aggiungete un filo d'olio, lo spicchio di aglio schiacciato e saltate a fuoco vivo i pomodorini.

Tagliate a julienne la seppia pulita e saltatela in un'altra padella con un filo d'olio per pochi secondi, salatela e pepatela.

Tagliate a julienne la buccia di melanzana e friggetela con qualche foglia di basilico fresco.

Cuocete i ravioli in acqua bollente salata, scolateli e saltateli in una padella con il lardo sciolto. Impiattate collocando sopra ai ravioli i pinoli, i pomodorini, il basilico fritto e infine le julienne di seppia, buccia di melanzana e zucchina.

D'estate l'idea di mangiare una pasta calda e fumante non è certo invitante ma lo è ancora meno quella di mangiare una pasta fredda... La solita, collosa, pallida con pomodorini, sott'oli, e quando si è fortunati qualche mozzarellina o scaglia di parmigiano.
Ma chi ha mai stabilito che la pasta fredda debba essere necessariamente triste? Questa è una ricetta così gustosa che stupirà i vostri ospiti e oltretutto è comodissima, prima la preparerete e più sarà buona, perché avrà assorbito per bene tutti i sapori dell'estate.

Spaghetti alla chitarra freddi con l'astice

INGREDIENTI

Per la sfoglia

- 3 uova
- 200 gr di farina 00
- 100 gr di semola rimacinata

Per il condimento

- Una carota
- Una zucchina
- Un peperone
- Un porro
- Una costa di sedano
- 2 astici da 500 gr l'uno
- Olio EVO
- ½ scalogno
- Prezzemolo

TEMPO
30 MINUTI
DIFFICOLTÀ

PROCEDIMENTO

Preparate l'olio aromatizzato frullando mezzo scalogno con 50 ml di olio e lasciate insaporire almeno mezz'ora, quindi filtrate con un colino e mettete da parte.

Impastate farina e uova *(vedi ricetta p.172)*, e mentre il panetto riposa occupatevi del condimento.

Cuocete gli astici interi in acqua bollente per pochi minuti, 5 al massimo.

Mentre gli astici raffreddano tagliate le verdure cercando di essere regolari e fantasiosi, le carote e il sedano a becco di flauto, i peperoni e il verde delle zucchine a rombi, il porro a striscioline o come più vi piace. Abbiate però cura di tenere le verdure separate tra di loro poiché ciascuna ha tempi diversi di cottura.

In una padella antiaderente calda mettete le carote e fatele tostare senza aggiungere nulla, quando emaneranno un gradevole profumo di affumicato aggiungete olio, sale e pepe e saltatele ancora un minuto. Ripetete la procedura con tutte le verdure e infine riunitele in un recipiente.

Stendete la pasta allo spessore di 2 mm e formate gli spaghetti con l'apposita chitarra. Se non la possedete, potete arrotolare la pasta utilizzando un coltello affilato e tagliarne, con regolarità e decisione, delle strisce spesse 2 mm; non verranno di certo tutti uguali ma anche l'irregolarità può essere apprezzata perché è indice del fatto che sono artigianali.

Cucinate gli spaghetti in acqua bollente salata e raffreddateli in acqua e ghiaccio per bloccarne la cottura. Scolateli bene, aggiungete le verdure, la polpa dell'astice tagliata a pezzi, una spolverata di prezzemolo e una generosa quantità di olio aromatizzato. Lasciate insaporire in frigorifero fino al momento di servire in tavola.

Questo è il piatto perfetto per quando organizzate una cena fra amici all'ultimo momento. Facile, veloce, squisito. Come possono confermare anche dalla mia casa editrice, perché è il piatto che ho preparato per loro quando sono venuti la prima volta a casa mia a Ravenna per parlare del libro.

Garganelli con bocconcini di tonno fresco, melanzane, pistacchi e olive taggiasche

INGREDIENTI

- 250 gr di garganelli all'uovo
- Una melanzana media
- 200 gr di tonno fresco
- 100 gr di olive taggiasche
- Uno scalogno
- 20 gr di pistacchi sgusciati e tostati
- Olio EVO
- Sale e pepe

PROCEDIMENTO

Tritate lo scalogno e soffriggetelo con olio EVO in una padella capiente; aggiungete la melanzana tagliata a cubetti e saltate a fuoco vivo. Una volta che sarà morbida e leggermente arrostita unite il tonno a cubetti, le olive e i pistacchi. Attendete pochi istanti, giusto il tempo per fare schiarire il tonno. Salate e pepate.

Versate i garganelli cotti al dente in acqua bollente salata e saltateli col condimento. Se necessario aggiungete un po' di acqua di cottura.

TEMPO **30 MINUTI**
DIFFICOLTÀ

Questo piatto nasce dalla fusione delle idee di due grandi chef: gli gnocchi di seppie di Pino Cuttaia e l'insalata di scarola liquida del grande Antonino Cannavacciuolo, la prima volta la feci (maluccio) e mi salvai comunque da un *Pressure test*... Come posso dimenticarla!

Gnocchi di seppia su insalata liquida e semi di girasole

INGREDIENTI

Per gli gnocchi

- 500 gr di seppie pulite
- Olio EVO
- Sale

Per l'insalata liquida

- Un cespo di insalata scarola
- Un dl di olio EVO
- Sale
- Ghiaccio
- Acqua di raffreddamento
- Acido ascorbico (lo trovate in farmacia)

TEMPO
30 MINUTI
DIFFICOLTÀ

PROCEDIMENTO

Pulite le seppie, frullatele, rendendole molli e collose, quindi facilmente plasmabili. Con un sac à poche, o in alternativa con due cucchiai, ricavatene dei piccoli bignè che ricordano la forma degli gnocchi.

Adagiateli su un'emulsione di acqua e sale per evitare che si incollino, quindi spadellateli velocemente a fiamma alta, così da formare un sottile strato croccante all'esterno che consenta di mantenere i liquidi all'interno donando agli gnocchi particolare morbidezza.

Lavate e tagliate l'insalata tenendo solo la parte verde. Sbollentatela per pochi minuti in abbondante acqua salata e acido ascorbico, utile per evitarne l'ossidazione. Fatela raffreddare in acqua e ghiaccio, scolatela conservando il liquido, strizzatela bene. Frullate la scarola con l'acqua di raffreddamento, emulsionando con abbondante olio EVO. Regolate di sale.

Versate l'insalata liquida alla base del piatto e disponetevi sopra gli gnocchi. Cospargete con un po' di semi di girasole tostati, un filo d'olio e servite.

È un piatto che ho concepito partendo dall'estetica, dal contrasto fra il nero del riso e il verde brillante di peperone, piselli e basilico ed è la prova ontologica che un piatto, se è bello, spesso è anche buono.

Riso e verde

INGREDIENTI

- 320 gr di riso Venere
- 3 spicchi di aglio nero
- Uno spicchio di scalogno
- 150 gr di piselli freschi
- Qualche foglia di basilico fresco
- 2 pannocchie di mais nero
- Un cucchiaino di sesamo nero
- 2 fette di pane nero
- 100 gr di more
- Qualche goccia di aceto balsamico
- 2 zucchine verdi
- Un peperone verde
- Olio EVO
- Sale e pepe

TEMPO **45 MINUTI**
DIFFICOLTÀ

PROCEDIMENTO

Preparate il risotto iniziando a soffriggere lo scalogno e l'aglio con due cucchiai d'olio. Tostate il riso e continuate la cottura aggiungendo gradatamente acqua calda. Regolate di sale e finite con i piselli sbollentati e il basilico tritato.

Per le chips ricavate la farina dal mais e fatene una polenta mescolandola con acqua salata. Su un foglio di carta forno formate dei dischetti di polenta aiutandovi con un cucchiaio. Infornateli per 10 minuti a 200°C.

Preparate dei crostini tagliando il pane a dadini e tostateli in padella con olio e aglio nero. Aggiungete il sesamo che avrete fatto tostare appena.

Con una mandolina tagliate la parte esterna delle zucchine a strisce e conditele con olio, sale e pepe.

Preparate la riduzione di aceto e more frullando queste ultime e filtrandone il succo. Unitelo all'aceto e fatelo ridurre in padella fino a ottenere una salsa densa.

Componete il piatto usando uno stampino per formare un tortino di riso e decoratelo con le strisce di zucchine arrotolate, crostini, qualche pisello, chips di polenta, sesamo e gocce di riduzione alle more.

In questa ricetta la ricciola, pesce azzurro dalle carni pregiate, delicate e deliziose, è esaltata dall'aroma estivo per eccellenza, quello del basilico, sapientemente abbinato al gusto goloso ma delicato della burrata e alleggerito dalla fragranza dei germogli.

Quenelle di ricciola marinata su acqua di basilico, germogli, fiocchi di burrata

INGREDIENTI

- 350 gr di filetti di ricciola puliti
- 100 gr di foglie di basilico
- Una burrata
- Olio EVO
- Sale e pepe
- La scorza di ½ lime
- Ghiaccio
- Germogli per guarnire

TEMPO
30 MINUTI
DIFFICOLTÀ

PROCEDIMENTO

Tagliate finemente la ricciola al coltello e conditela con olio, sale, pepe e scorza di lime. Lasciate riposare e nel frattempo preparate l'acqua di basilico.

Sbianchitelo tuffandolo nell'acqua bollente per pochi secondi, scolatelo e immergetelo subito in acqua e ghiaccio per bloccarne la cottura. Mettetelo ora nel bicchiere del mixer e frullatelo con il ghiaccio, infine filtrate il composto ricavandone un'acqua verde brillante.

Terminata questa preparazione, formate le quenelle, che devono avere la classica forma ovale che otterrete con l'ausilio di due cucchiai.

Impiattate mettendo alla base l'acqua di basilico e adagiandovi sopra due quenelle di ricciola. Guarnite il tutto con i germogli e qualche fiocco di burrata.

Il tataki di tonno è un piatto elegante, sontuoso e genuino; accompagnato da una macedonia salata di frutta esotica è un'esplosione di sapori, consistenze e contrasti.
Questa ricetta giapponese è uno dei grandi classici della cucina orientale: si tratta sostanzialmente di filetti di tonno scottati, cosparsi di semi di sesamo e tagliati a fettine rettangolari. Un requisito fondamentale per la riuscita di questo piatto è l'utilizzo di pesce freschissimo, ma la preparazione, pur richiedendo parecchi passaggi, non è affatto complicata.
Il risultato è perfetto quando si ottiene all'esterno una crosticina croccante che cela un interno tenerissimo.

Tataki di tonno in crosta di sesamo con macedonia di frutta esotica

INGREDIENTI

- 300 gr di filetto di tonno
- 100 ml di salsa di soia
- Olio EVO
- Semi di sesamo
- Un cucchiaino di miele
- Aceto di mele
- Un pezzetto di zenzero fresco
- Un cucchiaino di senape
- Un mango
- Un avocado
- Una fetta di ananas
- Una papaia
- Qualche chicco di melagrana
- Sale e pepe

PROCEDIMENTO

Grattugiate lo zenzero e unitelo alla salsa di soia, insieme a un cucchiaino di miele e a un filo di aceto di mele. Mescolate bene, immergetevi il tonno e lasciatelo marinare per 15 minuti.

Nel frattempo preparate la macedonia tagliando la frutta a pezzetti regolari e uniformi, conditela con olio EVO, sale e pepe.

Togliete il tonno dalla marinatura, tostate i semi di sesamo in padella quindi metteteli in un piatto. Spennellate il filetto di tonno con la senape, passatelo nei semi di sesamo premendo bene per farli aderire e infine cuocetelo sulla piastra rovente pochi secondi per lato, in modo che risulti caramellato fuori e crudo dentro.

A questo punto fate uno strato di macedonia abbastanza compatto e disponetevi sopra il tonno tagliato a fette non troppo sottili. Guarnite con qualche chicco di melagrana.

TEMPO
30 MINUTI
DIFFICOLTÀ

Questo piatto succulento e veloce è perfetto per le cene estive. È sicuramente d'effetto, sia per i colori che per il sapore e vi terrà ai fornelli solo per pochissimi secondi!

Tartare di manzo con crema di avocado

INGREDIENTI

- 600 gr di filetto di manzo
- Un lime
- 10 foglie di menta
- Olio EVO
- Sale
- Un avocado
- Una fetta di pane
- Rosmarino

TEMPO
30 MINUTI
DIFFICOLTÀ

PROCEDIMENTO

Tagliate la carne a fettine, poi a strisce, poi a cubetti. Ora battetela con il coltello, non troppo finemente. Aromatizzatela con olio, sale, menta tritata e scorza di lime grattugiata.

Scavate con un cucchiaino la polpa dell'avocado, aggiungete olio, sale, pepe e qualche goccia di succo di lime. Frullate fino a ottenere una crema liscia.

Tagliate il pane a cubetti e tostateli in padella con olio e rosmarino.

Componete il piatto pressando la carne dentro a un coppapasta e riempiendo l'ultimo cm con la crema di avocado. Livellate, poi sfilate il coppapasta e guarnite con olio crudo, crostini e fiori di rosmarino.

C'è chi la vuole di kamut, chi senza glutine, chi la vuole con il carbone per motivi di linea e chi senza lievito madre la schifa perché non è abbastanza da fighi. Ormai è diventato un problema accontentare gli ospiti anche facendo una pizza...
Questo piatto facile e veloce è un modo giocoso per gustare i sapori di una buonissima pizza. E sarà sicuramente digeribile perché l'impasto non c'è!
Requisito fondamentale per stupire gli ospiti e non rischiare di servire un piatto anonimo è la qualità e la freschezza degli ingredienti quindi NO alla passata industriale, SÌ al pesce fresco, alla burrata pugliese, al basilico della piantina sul davanzale (se non avete l'orticello) e a un olio extravergine di prima qualità. Solo così il risultato sarà garantito.

Finta pizza ai frutti di mare

INGREDIENTI

- 10 pomodori freschi maturi
- 800 gr di frutti di mare con guscio (cozze, vongole, fasolari)
- 12 frutti di cappero in salamoia
- Uno spicchio di aglio
- Olio EVO
- Sale
- Origano secco
- 2 burrate
- Basilico in foglie

PROCEDIMENTO

Incidete la pelle dei pomodori e sbianchiteli in acqua bollente salata per pochi secondi, privateli della pelle, tagliateli in quattro, togliete i semi e frullateli ottenendo una freschissima passata di pomodoro fresco; salate, aggiungete l'origano e mettete da parte.

Pulite i molluschi e fateli aprire in un tegame con lo spicchio di aglio. Eliminate quelli che non si saranno aperti e sgusciate gli altri. Conservatene giusto qualcuno nel guscio per la decorazione.

A questo punto componete la vostra finta pizza. Prendete un piatto da pizza e versatevi un mestolo di passata, distribuitela bene lasciando un paio di cm dal bordo, infine completate con i molluschi, i fiocchi di burrata, il basilico e un filo d'olio.

TEMPO
20 MINUTI
DIFFICOLTÀ

Le capesante oggi siamo abituati a trovarle al supermercato già aperte, belle e pronte nel loro involucro di polistirolo. Ma se vi è possibile, soprattutto per una ricetta come questa, prendetevi il tempo per andare dal pescivendolo di fiducia, fatevi dare conchiglie ancora fresche, chiuse, e apritele voi.
Introducete la lama di un coltello sotto la parte piatta della conchiglia e tagliate il muscolo che la trattiene. Staccate delicatamente il frutto che rimane attaccato alla parte concava. Eliminate le impurità lavando i frutti sotto l'acqua corrente e utilizzate solo la noce e il corallo. Vi accorgerete della differenza.

Bis di capesante

INGREDIENTI

- 8 capesante
- Un pizzico di sale Maldon
- Olio EVO
- Pepe
- Un lime
- 50 gr di cioccolato bianco
- 100 gr di panna fresca
- Un cucchiaino di caviale
- Un porro
- Un cucchiaio di farina
- Una fetta di mortadella tagliata sottile
- 50 gr di parmigiano
- 200 ml di olio di semi

TEMPO
30 MINUTI
DIFFICOLTÀ

PROCEDIMENTO

Per la capasanta cruda: marinatela con olio, succo di lime e sale Maldon. Preparate la salsa sciogliendo a bagnomaria il cioccolato bianco e 50 grammi di panna.

Per la capasanta cotta: affettate molto finemente il porro ottenendo delle striscioline lunghe circa 4 cm, infarinatele e friggetele in olio di semi, scolatele e lasciatele riposare in modo che diventino più croccanti.

Ricavate dalla mortadella una striscia lunga 15 cm e larga 5, arrotolatela per renderla più sottile e avvolgetela come una fettuccia attorno alla capasanta che avrete prima unto. Infornate a 220°C per 3 minuti.

Preparate la salsa sciogliendo a bagnomaria il parmigiano con 50 gr di panna e un pizzico di pepe.

Impiattate versando un cucchiaio di salsa al cioccolato, sopra la capasanta e un cucchiaino di caviale. Nappate con la salsa al parmigiano, seguita dalla capasanta cotta, adagiatevi il porro fritto e un pizzico di sale. Guarnite il piatto con un ciuffo di prezzemolo o erba cipollina.

Di questo dolce newyorkese esistono infinite varianti e declinazioni; a cotto o a crudo, con sopra la gelatina, la frutta fresca oppure senza nulla per gustare al meglio i profumi della crema. La sua natura è così controversa che non si è ancora capito se si debba dire *il* oppure *la* cheesecake. Io ho scelto di metterlo nei bicchierini, e soprattutto di farlo a crudo, perché di accendere il forno in piena estate nessuno ne ha mai voglia.

Bicchierini di cheesecake al mojito

INGREDIENTI
per 8 persone

Per la base

- 200 gr di biscotti tipo *Digestive*
- 50 gr di burro
- 2 cucchiai di zucchero di canna

Per la crema

- 500 gr di *Philadelphia* o altro formaggio spalmabile
- 200 gr di yogurt greco
- 250 ml di panna
- 100 gr di zucchero di canna
- Un lime
- Il succo di ½ lime
- La scorza grattugiata di 2 lime
- 15 gr di foglie di menta
- 5 cucchiai di rum bianco

PROCEDIMENTO

Tagliate il lime a fettine sottili e disponetele all'interno dei bicchierini, facendole aderire bene ai bordi.

Polverizzate i biscotti e unitevi il burro fuso, aggiungete lo zucchero di canna e mescolate con cura, ne otterrete un impasto simile a sabbia umida che disporrete sul fondo dei bicchieri senza comprimere. Mettete a riposare in frigorifero e preparate la crema.

Montate la panna e tenetela in fresco. Lavorate il formaggio fino a quando non sarà cremoso poi aggiungete lo yogurt greco, lo zucchero, il rum e il succo di lime.

Unite la panna montata, poco alla volta, cercando di non smontare il composto, mescolando con attenzione dall'alto verso il basso.

Aggiungete la menta tritata.

Versate la crema nei bicchierini e mettete in frigo a riposare per altre 2 ore.

Guarnite con due foglioline di menta e un goccio di rum.

TEMPO
30 MINUTI
+ 2 ore di riposo in frigorifero
DIFFICOLTÀ

Esistono molte ricette in cui le pesche si uniscono agli amaretti, tra cui quella piemontese delle pesche al forno. A essa mi sono ispirata per creare un dessert da gustare al cucchiaio che racchiude in un involucro fresco tutti i profumi di quella golosa bontà.

Semifreddo di pesche e amaretti su salsa al marsala

INGREDIENTI

400 gr di pesche mature
100 gr di panna fresca
100 gr di amaretti
100 gr di zucchero
4 uova

Per la salsa

Un uovo
Un cucchiaio di zucchero
Un bicchiere di marsala all'uovo

TEMPO
30 MINUTI
+ 6 ore
per il congelamento
DIFFICOLTÀ

PROCEDIMENTO

Sbriciolate nel mixer gli amaretti, aggiungete la polpa delle pesche e frullate.

Montate i tuorli con 50 gr di zucchero, poi la panna e quindi unite i due composti. Montate anche gli albumi con lo zucchero rimasto e unite il tutto.

Ora inglobatevi delicatamente la purea di pesche e amaretti facendo attenzione a non smontare l'impasto. Riempite gli stampi monoporzione e mettete nel freezer per 6 ore.

Preparate la salsa montando a bagnomaria lo zucchero, l'uovo e il marsala ottenendo uno zabaione lento.

Sformate i semifreddi, serviteli adagiandoli su uno specchio di salsa e guarnite con polvere di amaretti.

Questa crostata è un trionfo di gusto, colore e bellezza! Sembra un sole, semplice e radiosa, così bella da far entrare prepotentemente la bella stagione nelle nostre case. Verrà bene con qualsiasi frutto estivo, da solo o in abbinamento. Ma non pensiate di ottenere lo stesso risultato usando frutta fuori stagione.

Crostata di frutta fresca

INGREDIENTI

Per la frolla

- 500 gr di farina
- 250 gr di burro
- 250 gr di zucchero semolato
- 80 gr di uova

Per la crema pasticcera

- 150 gr di zucchero
- 2 uova intere
- 300 gr di latte intero
- 200 gr di panna fresca
- 40 gr di farina
- La scorza di un limone
- Una stecca di vaniglia
- Un pizzico di sale

Per la guarnizione

- 500 gr di frutta fresca di stagione
- Gelatina spray

TEMPO
60 MINUTI
DIFFICOLTÀ

PROCEDIMENTO

Preparate il panetto di frolla *(vedi ricetta p. 174)* e mettetelo a riposare.

Questa crostata prevede la cottura della frolla in bianco, vale a dire che va cotto solo il guscio, mentre il ripieno verrà poi messo a crudo. Per far sì che i bordi non scendano in cottura, dopo aver foderato la teglia imburrata e infarinata con la pasta, ricopriremo quest'ultima con carta forno e fagioli secchi e poi la cuoceremo in forno preriscaldato a 190°C per 20-25 minuti. Una volta fredda sarà pronta per essere decorata.

Per la crema pasticcera mettete a scaldare il latte e la panna con la scorza di limone e i semi della vaniglia. Nel frattempo con una frusta sbattete le uova con lo zucchero, unite la farina e una volta ottenuto un composto omogeneo versatelo nel latte. Continuate a mescolare sul fornello fino a che la crema non si sarà addensata. Spegnete e lasciatela intiepidire, poi versatela nel guscio di frolla, coprendo con la pellicola per evitare che si formi la crosticina in superficie.

Una volta raffreddato il tutto sbizzarritevi giocando con i colori della frutta e decorate la vostra crostata come più vi piace.

Spruzzate con gelatina spray per mantenere la frutta fresca e lucida.

Conservate in frigorifero fino al momento di servire.

Autunno

L'autunno è forse la stagione che preferisco, anche se in campagna è un periodo in cui si lavora alacremente perché tutto sia pronto per l'inverno.
L'autunno mi ricorda anche i primi soldi guadagnati. Eravamo piccoli, erano gli anni delle elementari, mio cugino Luca e io avevamo ricevuto l'incarico di portare un trattore con attaccato l'atomizzatore fino dai nostri vicini per dare acqua alle piante. E questi signori ci avevano dato la bellezza di cinquantamila lire. Cinquantamila lire allora erano davvero un'enormità.
Mentre tornavamo a casa eravamo talmente contenti che neppure ci siamo accorti di quanto stessimo andando veloci con quel trattore, e sì che le condizioni che ci erano state imposte perché lo potessimo guidare erano severissime. Luca ha preso una curva velocissimo, il trattore ha curvato ma l'atomizzatore dietro si è staccato ed è andato dritto, oltre il fosso ed è entrato in un campo di mais, una lunghissima fila di canne abbattute. Solo allora abbiamo capito… Ci siamo girati, siamo tornati sul luogo del misfatto e ci sono volute due ore di lavoro per spingere quel grosso e pesantissimo atomizzatore fuori dal campo, sopra il fosso e poi attaccarlo di nuovo al trattore. Avevamo le mani tutte nere ed eravamo coperti di olio e grasso, ma tornati a casa abbiamo fatto ovviamente finta di niente, finché un paio di giorni dopo è arrivato mio zio Gino, che poveretto non c'è più, e raccontava a tutti: «A là un quicadun l'è andai drett!!» Cioè, là qualcuno è andato dritto!!!
Ovviamente tutti lo sapevano che eravamo stati noi ma volevano vedere fino a che punto ci ostinassimo a negare. E credo sia passato qualche anno prima che confessassimo, almeno fino a quando le cinquantamila lire le avevamo spese tutte. Oggi, quando ci ritroviamo per la mangiata di fine vendemmia, non passa anno senza che qualcuno tiri fuori questa vecchia storia.

La melagrana è un frutto stagionale dotato di straordinarie proprietà nutritive: è ricco di flavonoidi che contrastano i radicali liberi, causa dell'invecchiamento del nostro organismo e il suo succo è un ottimo disintossicante, ma soprattutto è buonissimo!

Aperitivo analcolico alla melagrana

INGREDIENTI

- 2 melagrane
- 2 cucchiai di zucchero di canna bianco
- 400 ml di acqua frizzante
- 50 ml di sciroppo di sambuco *(vedi ricetta p.238)*
- Qualche cubetto di ghiaccio

PROCEDIMENTO

Tagliate le melagrane a metà, togliete qualche chicco che servirà per guanire, e poi spremetele, esattamente come fareste con delle arance.

Unite al succo così ottenuto lo zucchero, fatelo sciogliere mescolando con decisione, aggiungete quindi lo sciroppo di sambuco e l'acqua frizzante.

Servite in calici o bicchieri da cocktail, aggiungendo qualche chicco di melagrana, ghiaccio e decorando a piacere.

TEMPO
10 MINUTI
DIFFICOLTÀ

L'ho sempre considerato lo stuzzichino salvavita, quello dell'ultimo momento. A casa mia non mancano mai la pancetta e le prugne secche, perché le conservo in estate per averle a disposizione tutto l'anno. E visto il successo che riscuote questo irresistibile bocconcino, lo preparo tutte le volte che mi capita di organizzare un aperitivo.

Bocconcini di prugne e pancetta

INGREDIENTI

- 30 prugne secche denocciolate
- 15 fette di pancetta affumicata tagliata sottile
- 2 cucchiai di semi di sesamo

TEMPO
20 MINUTI
DIFFICOLTÀ

PROCEDIMENTO

Avvolgete intorno a ogni prugna una mezza fetta di pancetta e fissatela con uno stecchino.

Disponete i bocconcini ottenuti su una teglia rivestita con carta forno, cospargeteli con i semi di sesamo e infornate a 200°C il tempo necessario, una decina di minuti circa, perché la pancetta diventi croccante.

Serviteli subito accompagnati da un buon calice di bollicine.

Un chiaro segnale dell'arrivo dell'autunno è senza dubbio la comparsa delle zucche nei nostri mercati. La zucca è infatti la regina dell'autunno quando raggiunge la piena maturazione avendo incorporato l'energia del sole e del caldo estivo. Dopo la raccolta, si usa lasciarla asciugare bene all'ombra per una decina di giorni e si ripone per la conservazione invernale in un locale asciutto e non troppo freddo. Per tutto l'inverno si avrà così a disposizione un preziosissimo concentrato di vitamine.
Della zucca non si butta via nulla. I semi, croccanti e golosi, possono essere facilmente tostati in forno a 180°C per diventare snack irresistibili. La polpa è perfetta per gustose ricette, dalle minestre ai dolci. E la calotta si presta splendidamente a essere intagliata e messa in bella mostra sui nostri davanzali o davanti alle nostre porte per festeggiare Halloween, retaggio di un passato in cui in campagna ci si curava di tenere lontani i demoni.

Vellutata di zucca appassionata

INGREDIENTI

- 200 gr di zucca gialla
- 2 frutti della passione
- 20 fasolari
- 4 zucchine con fiore
- 4 capesante
- 12 foglie di basilico
- 12 fiori eduli
- Olio di semi
- Sale e pepe
- Olio EVO

TEMPO
40 MINUTI
DIFFICOLTÀ

PROCEDIMENTO

Tagliate la zucca, privatela della scorza e cucinatela in una padella antiaderente con poca acqua. Salate, frullate tutto e mettete da parte.

Mettete i fasolari ad aprire in una pentola rovente e appena si schiudono toglieteli dal fuoco, sgusciateli senza scottarvi, eliminate la sacca intestinale che vi lascerebbe la bocca piena di sabbia, e metteteli a marinare nel succo ottenuto spremendo i frutti della passione.

Friggete in olio di semi prima le capesante, poi le foglie di basilico per pochissimi secondi.

Tagliate la zucchina a fette, grigliatene una parte e mettete la metà residua a marinare con olio, sale e pepe.

Impiattate disponendo la crema di zucca in una fondina, aggiungete la capasanta al centro e i molluschi intorno. Guarnite disponendo sul bordo le zucchine, le foglie di basilico e i fiori eduli.

Sicuramente avete capito che non vado matta per la carne. Non che non sappia apprezzarne il sapore o le infinite possibilità di utilizzo in cucina, ma per indole sono più affascinata da materie prime più delicate come il pesce, di cui non manco mai di tessere le lodi, o le carni bianche, il coniglio su tutte.

Polpettine di coniglio con salsa allo yogurt

INGREDIENTI

Per le polpettine

- 400 gr di carne di coniglio disossata
- 50 gr di mollica di pane
- Un uovo
- Un bicchiere di latte
- 2 rametti di prezzemolo
- Sale e pepe
- 100 gr di pangrattato
- 250 ml di olio di arachide

Per la salsa

- 250 ml di yogurt bianco magro
- 40 ml di olio EVO
- Il succo di un limone
- Sale
- Un rametto di prezzemolo

PROCEDIMENTO

Iniziate a preparare la salsa allo yogurt spremendo il limone e filtrandolo. Amalgamate lo yogurt con l'olio e mescolate bene avendo cura che l'olio non rimanga in superficie. Aggiungete il succo del limone continuando a girare il composto molto lentamente. Salate e unite il prezzemolo sminuzzato. Conservate in frigorifero.

Tritate la polpa di coniglio in un mixer fino a ricavarne del macinato, versatelo in una ciotola e lavoratelo insieme alla mollica di pane che prima avrete ammollato nel latte. Aggiungete il prezzemolo tritato finemente e l'uovo, aggiustate di sale e pepe, mescolate sino a ottenere un impasto omogeneo e infine formate delle polpettine grandi come una noce.

Impanate le polpette nel pangrattato e friggetele in abbondante olio di semi; una volta dorate scolatele su carta assorbente per assorbire l'olio in eccesso.

Servitele subito accompagnate dalla salsa allo yogurt.

TEMPO
45 MINUTI
DIFFICOLTÀ

Nel *Piccolo Principe*, che è il mio libro preferito, Saint-Exupéry scriveva che non si vede bene che col cuore, *l'essenziale è invisibile agli occhi*. Questa ricetta l'ho preparata durante una prova in esterna, a Porto Venere. E mentre cucinavo mi sono tornate in mente quelle parole perché, più ancora di quello che stavo preparando, mi pareva che la magia di quella giornata bellissima e memorabile stesse trasferendosi con tutte le sue emozioni dentro a questo piatto.

L'essenziale è invisibile agli occhi

INGREDIENTI

- Una gallinella di mare
- 100 gr di polenta istantanea
- Un ciuffo di prezzemolo
- Qualche rametto di timo
- Qualche foglia di salvia
- Qualche foglia di basilico
- Uno spicchio di aglio
- 10 pomodori datterini
- Fumetto di pesce *(vedi ricetta p. 180)*
- Una noce di burro
- Olio EVO
- Sale e pepe

TEMPO
45 MINUTI
DIFFICOLTÀ

PROCEDIMENTO

Sfilettate la gallinella.

Con le lische e la testa, sedano, carota e cipolla preparate un fumetto che salerete una volta raggiunta la cottura.

Preparare la polenta utilizzando 200 ml di fumetto, una noce di burro e una foglia di salvia. Fatela addensare e prelevatene una parte. Con quella rimanente create una crema liscia aggiungendo le erbe aromatiche, un goccio d'olio e un altro mestolo di fumetto, quindi frullate il tutto.

Aiutandovi con un foglio di carta forno stendete sottilissima la polenta messa precedentemente da parte, guarnitela con qualche fogliolina di timo e infornatela fino a ottenere una cialda croccante e dorata.

Saltate i pomodorini in padella con uno spicchio di aglio in camicia, salate e pepate, per ultimi cucinate i filetti di gallinella su una padella calda.

Impiattate versando la crema alla base del piatto, disponete poi i pomodorini in ordine casuale, i filetti di gallinella e le cialde di polenta. Ultimate con foglioline di erbe aromatiche fresche.

Questi tortelli sono uno dei piatti tipici del Piacentino e me li ha fatti conoscere un amico del posto. Me ne sono innamorata subito, proprio perché sono i più belli che abbia mai visto. Al primo impatto sembrano impossibili da fare, forse proprio per questo ho deciso subito di provarci, a me le cose facili non piacciono, non mi stimolano. Così dopo vari tentativi finalmente anch'io ce l'ho fatta, quindi adesso provate anche voi!
Nel caso non abbiate molta manualità, potete sempre farli con la classica forma quadrata o rotonda a raviolo.

Tortelli piacentini con mascarpone, pinoli ed erba cipollina

INGREDIENTI

Per la sfoglia

- 3 uova
- 200 gr di farina 00
- 100 gr di semola rimacinata

Per il ripieno

- 250 gr di spinaci freschi
- 125 gr di ricotta
- 50 gr di parmigiano
- Noce moscata
- Sale e pepe

Per la salsa

- 200 gr di mascarpone
- 50 gr di pinoli
- 30 gr di burro
- Un mazzetto di erba cipollina
- Sale

TEMPO **60 MINUTI**
DIFFICOLTÀ*

*ma difficile è solo la tecnica di chiusura dei ravioli

PROCEDIMENTO

Preparate il panetto di sfoglia *(vedi ricetta p. 172)* e mentre riposa dedicatevi al ripieno.

Saltate gli spinaci in una padella antiaderente, lasciateli asciugare il più possibile e poi frullateli nel mixer con la ricotta, il parmigiano, una grattata di noce moscata, sale e pepe.

Stendete la sfoglia il più sottile possibile e ricavatene dei quadrati di 7 cm di lato. Ponete al centro un cucchiaino di ripieno, fate un bel respiro e provate a cimentarvi con la chiusura.

Poggiate il quadrato di pasta sulla mano e ripiegate all'interno uno degli angoli, ora accavallate i lembi laterali verso il centro, alternandoli tra loro come per fare una treccia. Giunti all'estremità finale del tortello saldate la pasta in corrispondenza della «coda». Man mano che si formano i ravioli, saranno sempre più precisi e simili fra loro, disponeteli su un piano infarinato.

Una volta terminata la formatura mettete l'acqua a bollire e preparate la salsa.

Tostate i pinoli nel burro, profumando con metà dell'erba cipollina. Fermate la cottura con 2 cucchiai d'acqua. Aggiungete il mascarpone e regolate di sale.

Cuocete i tortelli, scolateli e saltateli nella salsa. Impiattate e guarnite con erba cipollina.

L'altra regina indiscussa dell'autunno è la castagna. È rinomata per la sua versatilità in cucina, squisita per preparare dolci e salati, oppure lavorata per ottenerne la delicata farina. Il castagno per secoli è stato un vero e proprio albero del pane, fonte principale di nutrimento per i più poveri, proprio per l'eccellente capacità saziante: per secoli ha fornito uno degli alimenti principali della dieta contadina, alla stregua dei cereali. La castagna profuma di autunno come la vendemmia, il suo colore caldo invita a fare lunghe passeggiate nel bosco, da terminare in famiglia dinanzi a un fuoco, magari con delle caldarroste e un buon bicchiere di vino.

Gnocchi di castagne con salsa di gorgonzola e ventaglio di pera

INGREDIENTI

- 200 gr di farina di castagne
- 200 gr di farina 00
- 200 ml di latte
- 2 pere kaiser
- 10 gr di zucchero di canna
- Un cucchiaino di cannella
- 20 gr burro
- 100 gr di gherigli di noci tritate
- 100 gr di panna
- 50 gr di gorgonzola

TEMPO
60 MINUTI
DIFFICOLTÀ

PROCEDIMENTO

In una terrina mescolate le farine e unite il latte, servirà a donare agli gnocchi una consistenza morbida senza che diventino stopposi. Se l'impasto dovesse risultare troppo duro unite qualche cucchiaio di acqua.

Formate dei rotolini e poi tagliateli a pezzetti di 2 cm circa. Ora passateli uno alla volta sulla paletta oppure sui rebbi di una forchetta per conferire loro le caratteristiche righe grazie alle quali il sugo aderirà alla perfezione.

Tagliate le pere a metà e praticate dei tagli paralleli partendo dalla base senza però arrivare in cima in modo tale da mantenere unite le fettine che si stanno creando. Disponetele su una teglia con carta forno e infornatele coperte con burro, zucchero di canna e cannella per 20 minuti circa, avendo cura che rimangano consistenti. Quando saranno a metà cottura premetele per dargli la forma di un ventaglio.

In una padella scaldate la panna e il gorgonzola, poi unite i gherigli di noce tritati.

Cuocete gli gnocchi in abbondante acqua salata per pochi minuti, scolateli e saltateli in padella con la salsa, aggiungendo acqua di cottura se necessario.

Servite con la pera a ventaglio come guarnizione.

Questo per me è un piatto molto importante perché è IL piatto della finale di *MasterChef*. In realtà era solo uno dei sei piatti del menu che dovevamo presentare ai giudici, ma sono convinta che sia stato questo a spiazzarli e a convincerli ad assegnare a me il titolo.

È nato prima l'uovo o la gallina?

INGREDIENTI

- 4 uova di quaglia
- 50 gr di uova di pesce (lompo, storione, pesce volante)
- 200 gr di sale fino
- 200 gr di zucchero
- 500 gr di gallinella di mare
- 400 gr di patate
- 100 gr di cipollotto
- 700 ml di acqua
- 300 ml di latte
- 50 gr di burro
- Olio EVO
- Sale e pepe
- Uno spicchio di aglio
- Qualche fogliolina di origano, timo, maggiorana

PROCEDIMENTO

Separateli dall'albume quindi adagiate i tuorli delle uova di quaglia in una mistura di sale e zucchero in eguali proporzioni, copriteli con la stessa e lasciateli marinare.

Preparate la crema facendo soffriggere nel burro il cipollotto a pezzetti, aggiungete le patate a tocchetti e coprite con latte e acqua. Lasciate cuocere con coperchio fino a quando non diventeranno morbide. Ora frullatele ottenendo una crema fluida, conditela e poi passatela al colino per renderla più setosa.

Sfilettate la gallinella, togliete eventuali lische e ricavate dei bocconcini dai filetti. In una padella scaldate l'olio con uno spicchio di aglio, aggiungete i bocconcini e spadellateli velocemente a fuoco vivace.

Impiattate mettendo sul fondo un tuorlo marinato, un cucchiaino di uova di pesce e i bocconcini di gallinella. Coprite il tutto molto delicatamente con la crema di patate, avendo cura che la superficie risulti liscia. Guarnite con le erbe aromatiche e un filo d'olio.

TEMPO
50 MINUTI
DIFFICOLTÀ

Passeggiando in campagna, lungo i sentieri di collina o semplicemente ai bordi di una strada o di un fossato, capita spesso di imbattersi in una pianta a fusto lungo che in estate e in autunno regala delle belle fioriture di un colore giallo oro, simili a grandi margherite ma dal portamento così eretto da essere difficilmente confondibile con altre specie simili. Il suo aspetto ricorda il girasole, così come il comportamento eliotropico dei fiori, che tendono cioè a rivolgere il capo sempre in direzione dei raggi solari. Quella pianta, così diffusa sulla nostra penisola e talmente rustica e tenace da diventare quasi infestante, produce un tubero commestibile che un tempo veniva consumato come sostituto delle patate: il topinambur. Già dall'aspetto il topinambur è intrigante e affascinante, con la sua forma bitorzoluta simile a quella delle patate, ma è solo nel momento in cui viene gustato che si rimane davvero sorpresi perché ricorda moltissimo il carciofo, e non a caso si abbina benissimo con il pesce.

Polpo scottato su crema di topinambur

INGREDIENTI

- Un polpo da 1 kg
- 500 gr di topinambur
- Un cipollotto
- Una noce di burro
- 250 ml di latte
- Olio EVO
- Sale
- Pepe bianco
- Cannella

TEMPO
80 MINUTI
DIFFICOLTÀ

PROCEDIMENTO

Lessate il polpo in abbondante acqua salata per circa 40 minuti, ridotti a 20 se usate la pentola a pressione, e lasciatelo intiepidire nell'acqua di cottura.

Nel frattempo preparate la crema soffriggendo in una casseruola con burro e olio il cipollotto a tocchetti. Aggiungete i topinambur tagliati a rondelle. Brasateli a fuoco vivo per qualche minuto poi aggiungete latte e acqua sufficienti a coprire il tutto. Cuocete per una ventina di minuti, quindi riducete a crema con il frullatore a immersione.

Condite con sale, pepe bianco e un pizzico di cannella.

Tagliate il polpo mantenendo integri i tentacoli; eliminate la pellicina facendo attenzione a non staccare le ventose, quindi spadellate tutto a fuoco rovente con un filo d'olio fino a ottenere una bella doratura.

Servite in una fondina versando alla base la crema, adagiatevi sopra un tentacolo arrotolato e finite con un filo d'olio ed erbe aromatiche fresche. Oppure sbizzarritevi, come abbiamo fatto noi...

Una ricetta succulenta e robusta da preparare con la spigola, pesce bianco rinomato per la sua carne magra ma assai ricca di proteine e minerali.
È un vero trionfo di sapori mediterranei e le erbe rendono sublime la preparazione. La concassé di pomodori dona acidità alla preparazione e le dà un gusto insolito e accattivante.

Spigola su zoccoletto di melanzane

INGREDIENTI

- Una spigola da 1 kg
- 2 melanzane tonde
- 200 gr di pomodorini misti, scelti fra ciliegini, datterini e pachino
- Un cucchiaio di capperi
- Un cucchiaio di olive taggiasche
- 50 gr di pinoli
- Qualche foglia di basilico
- Olio EVO
- Sale e pepe
- Erbe aromatiche fresche

PROCEDIMENTO

Sfilettate la spigola e ricavatene 4 tranci regolari, salateli, pepateli e ungeteli con poco olio.

Scaldate una padella antiaderente a fuoco vivo e cuocetevi i filetti fino a doratura per circa 5 minuti.

Dalla melanzana tagliate 4 fette alte circa 4 cm, incidetele e conditele con olio, sale, pepe ed erbe aromatiche. Infornatele a 250°C per 7 minuti. Copritele con carta d'alluminio e tenetele da parte.

Preparate la concassé tagliando i pomodorini, aggiungete i capperi, le olive, il basilico e condite con olio e sale. Tostate i pinoli.

Impiattate mettendo alla base lo zoccoletto di melanzana, poggiatevi sopra il trancio di spigola e a fianco la concassé. Guarnite con basilico fresco e pinoli.

TEMPO
40 MINUTI
DIFFICOLTÀ

Quelli che le polpette no io non li capisco. «Non crediate che io abbia la pretensione d'insegnarvi a fare le polpette. Questo è un piatto che tutti lo sanno fare, cominciando dal ciuco...» scriveva Pellegrino Artusi. Ma forse erano altri tempi. Io non lo nascondo, sono caduta tra le braccia delle mitiche pallette. Creative o tradizionali, esotiche o nostrane, dolci e salate: alle polpette nessuno sa dire di no. Sono simpatiche e strappano sempre un sorriso sia a chi le prepara sia a chi le mangia.

Piovono polpette

INGREDIENTI

Per la prima polpetta

- 2 patate piccole, lesse
- 100 gr di filetto di merluzzo
- Sale e pepe
- Prezzemolo tritato
- Un uovo

Per la seconda polpetta

- 50 gr di mortadella
- 50 gr di ricotta di pecora
- 20 gr di granella di pistacchi

Per la terza polpetta

- 100 gr di carne di manzo
- 60 gr di ricotta di pecora
- Mollica di 4 fette di pane
- Latte
- Sale e pepe
- 2 uova
- Pangrattato

Per la quarta polpetta

- 500 gr di melanzane
- Latte
- 150 gr di pane secco
- Aglio
- Qualche fogliolina di menta
- Qualche foglia di basilico
- 2 cucchiai di pecorino grattugiato
- Olio EVO
- Sale e pepe
- Pangrattato

Per friggere

- 500 ml di olio di arachide

TEMPO
45 MINUTI*
DIFFICOLTÀ

*se non siete a *MasterChef*

PROCEDIMENTO

Per la prima polpetta tritate il merluzzo, aggiungete un po' di patata, prezzemolo tritato, una macinata di pepe e formate 4 palline da 2 cm di diametro. Passatele nell'uovo, poi friggetele in abbondante olio a 180°C.

Per la seconda polpetta mescolate ricotta e mortadella sminuzzata, salate, pepate, passatela nella granella di pistacchi e servitela cruda.

Per la terza polpetta impastate la carne di manzo tritata al coltello, la mollica di pane ammollata nel latte e la ricotta. Salate e pepate. Formate delle polpette con un cucchiaio di impasto, passatele nell'uovo, poi nel pangrattato e friggete fino a raggiungere la perfetta doratura.

Per la quarta polpetta saltate la melanzana tagliata a cubetti in padella con olio, aglio, sale e pepe. Fate raffredare, poi unite il pane ammollato nel latte, le erbe aromatiche e il pecorino, formate delle quenelle e friggetele qualche minuto finché non saranno croccanti.

Uno dei ricordi più belli di MasterChef è la ricetta della pasta choux scritta sulle mani che mi hai suggerito. Nascosta come si nasconde qualcosa di prezioso, per conservarlo nel tempo, come un'amicizia inaspettata. Un'amicizia solare e travolgente che serberò, incisa da qualche parte dentro di me, per molto tempo.
Per te, una mattina d'inverno, ho pensato questa ricetta. Stavo bevendo una tazza di caffè, quando un piccione si è posato sulla ringhiera del balcone. Pensai a come potesse essere la città vista dagli occhi di un piccione. Mi sono chiesta se non desiderasse anche lui, ogni tanto, qualcosa di diverso...
E allora mi sono venuti in mente gli alchechengi, bacche dolci, morbide e avvolgenti che di solito si impiegano in pasticceria, e ho voluto mescolarli alla carne ferrosa del piccione, per avvolgere quella mattina di grigia realtà con una patina di magia. ***Alida***

Piccione, pasta, alchechengi

ricetta di Alida Gotta

INGREDIENTI

- Un piccione intero
- Un rametto di rosmarino
- Uno spicchio di aglio
- Olio EVO
- Olio di arachide
- 100 gr di farina di kamut
- 100 gr di farina 00
- 3 uova
- Pangrattato
- 8 alchechengi
- 20 ml di latte
- Timo limonato

TEMPO
60 MINUTI
DIFFICOLTÀ

PROCEDIMENTO

Disossate il piccione. Tagliate i petti in pezzi non troppo piccoli, privandoli della pelle.

In una pentola capiente unite l'aglio e il rosmarino, fateli andare con un filo d'olio, e quindi aggiungete le ossa. Rosolate bene il tutto, coprite con acqua fredda, abbassate la fiamma, e fatela ridurre. Filtrate e conservate in caldo.

Mettete gli alchechengi in una pentola con un cucchiaio di fondo di piccione e stufateli. Salate, pepate e una volta cotti frullateli. Passate la composta al chinois.

Battete al coltello cosce e ali, unitele con un tuorlo, latte e pangrattato tostato con aglio e rosmarino, formate delle palline e ripassatele nel pangrattato, poi mettetele a riposare in freezer.

Preparate la pasta unendo le due farine, le uova residue, il sale e un po' d'olio, lasciate riposare una mezz'ora e quindi tirate la sfoglia non troppo sottile, arrotolandola per fare i maltagliati.

In una padella capiente versate il fondo di piccione, addensatelo con un cucchiaino di farina, poi scottate i bocconcini di petto, aggiungendo se necessario un po' di acqua calda per ottenere una salsa più liscia.

Cuocete la pasta in acqua salata per pochi minuti, aggiungetela al sugo di piccione e lasciatela ancora un minuto sul fuoco saltandola spesso.

Friggete in olio bollente le sfere congelate.

Impiattate i maltagliati aggiungendo sopra una pallina di piccione fritto, del timo limonato e la salsa di alchechengi.

La ricetta prende spunto da quella tradizionale dell'aragosta alla catalana, che nonostante il nome è originaria della Sardegna, ma la combinazione di ingredienti è del tutto originale e ispirata ai profumi della mia terra. Si compone di un sapore delicato e succulento, quello del pregiato crostaceo, e di una parte fresca come la mela verde, connubio reso intrigante dalla componente aromatica del miele di castagno e dai sapori erbacei del finocchio.

Aragosta, mele e finocchio

INGREDIENTI

- 2 aragoste
- 2 finocchi
- 2 mele verdi
- 2 cucchiai di miele di castagno
- Una cipolla rossa
- Olio EVO
- Sale e pepe

TEMPO
45 MINUTI
DIFFICOLTÀ

PROCEDIMENTO

Pregiata e costosa, quando acquisterete l'aragosta dovrà essere viva, non troppo grossa e possibilmente femmina, la riconoscerete per la doppia fila di alette poste sotto la coda. L'aragosta va cotta ancora viva qualunque sia il tipo di preparazione cui è destinata. Il crostaceo va immerso in acqua bollente per circa 8 minuti, avendo cura di legarlo con spago da cucina a un'assicella o a una cannetta di bambù per evitare che si arricci, cosa che renderebbe difficoltoso poi tagliare la polpa della coda.

Lasciatela raffreddare, poi estraete delicatamente la polpa dal carapace e condite con olio, sale e pepe.

Tagliate a brunoise il primo dei due finocchi e saltatelo in padella con un trito di cipolla. Conditelo, poi fatelo caramellare con il miele.

Pelate e pulite la mela, tagliatela a pezzetti e poi usateli per preparare un centrifugato con il secondo finocchio e 3-4 cubetti di ghiaccio.

Versate in una fondina il centrifugato e adagiatevi sopra l'aragosta tagliata a medaglioni, contornata dalla dadolata di finocchi, da qualche fetta di mela e da qualche cimetta di barba di finocchio.

E poi arrivava il tempo della torta di mele... Verso l'inizio di novembre, una mattina ti svegliavi e sentivi un intenso profumo avvolgere la casa e, quando scendevi le scale, vedevi tua mamma che, finalmente rilassata e con lo sguardo sereno e appagato, si dedicava con pazienza alla preparazione di questo dolce.
Dovete sapere che, per chi fa l'agricoltore, la fine dell'autunno rappresenta la stagione del riposo, il momento in cui ci si riprende dalle fatiche di un'estate intensa, stancante soprattutto fisicamente, dove ogni cosa viene svolta di fretta, perché la natura non aspetta, non va in vacanza e siamo noi a doverci attenere ai suoi tempi. E così, quando arrivava novembre e anche la natura si era finalmente addormentata, ti rendevi conto che era giunta l'ora di rilassarti, di dedicarti alle piccole cose, come la preparazione di una torta. La mia torta di mele ha il sapore di tutto questo: riposo, orgoglio, soddisfazione, serenità, amore.

Torta di mele

INGREDIENTI

- 3 o 4 grosse mele Golden
- 125 gr di farina 00
- 200 gr di zucchero
- 50 gr di pinoli
- 50 gr di uvetta sultanina
- Un goccio di rum
- 100 gr di burro
- 3 uova
- 80 gr di latte
- La scorza grattugiata di un'arancia
- ½ bustina di lievito
- Un pizzico di sale
- ½ cucchiaino di cannella
- Lamelle di mandorla
- Il succo di ½ limone

PROCEDIMENTO

Sbucciate le mele, tagliatele in 4 spicchi, eliminate il torsolo e affettatele finemente, poi mettetele in acqua con il succo del limone per non farle annerire.

Montate il burro ammorbidito con lo zucchero, la cannella, la scorza d'arancia e il sale, fino a farli diventare spumosi. Aggiungete le uova una alla volta, continuando a montare con le fruste elettriche a velocità alta. Non aggiungete il secondo uovo se il primo non è stato ben assorbito e montato.

Abbassate la velocità al minimo e unite al composto prima il latte e quindi la farina setacciata col lievito.

Amalgamate bene tutti gli ingredienti e aggiungete i pinoli e l'uvetta, che avrete prima ammollato in poca acqua tiepida mista a rum e poi asciugato.

Imburrate e infarinate una tortiera di 26 cm di diametro e versateci dentro l'impasto; a questo punto cospargete la superficie con le fettine di mela ben asciugate e le lamelle di mandorla, infine spolverate con un po' di zucchero, aggiungete qualche fiocchetto di burro e mettete in forno caldo a 200°C per circa 45 minuti. Aiutatevi con uno stecchino per accertarvi che la torta sia ben cotta.

TEMPO
65 MINUTI
DIFFICOLTÀ
Ⓜ

Per l'autunno ho deciso di fondere insieme le mie grandi passioni: la piadina e i cappelletti! Da questa idea nascono dei graziosi dolcetti che piacciono a grandi e piccoli. In questa ricetta li ho farciti con la mostarda fatta in casa con tutti i frutti d'inizio stagione, ma sono ottimi anche con la crema al gianduia o altre confetture. Provateli con la ricotta e i fichi caramellati ma fate attenzione: danno dipendenza!

Cappelletti di piadina

INGREDIENTI

- Un impasto per piadina *(vedi ricetta p. 192)*
- 200 gr di mostarda alla bolognese
- Un albume

TEMPO
30 MINUTI
DIFFICOLTÀ

PROCEDIMENTO

Stendete l'impasto allo spessore di 2 mm e aiutandovi con un coppapasta del diametro di 10 cm formate delle mini-piadine.

Inumiditene i bordi con l'albume e farcitele al centro con un cucchiaio di mostarda. Ora, con la solita pazienza, chiudete le piadine formando i cappelletti.

Cuoceteli in padella a fiamma più bassa rispetto alle tradizionali piadine, fino a che saranno ben dorati su tutti i lati.

Il bello di usare sempre prodotti stagionali del nostro territorio ci fa gustare e apprezzare di più le eccezioni. In autunno, quando la frutta locale scarseggia, quando non ci sono più pesche, cocomeri e meloni ma è ancora troppo presto per le arance possiamo concederci il lusso di assaggiare i frutti esotici. Siamo talmente abituati ad avere le banane per tutto l'anno che non ci chiediamo mai da dove provengano.
Arrivano da India, Ecuador, Costa Rica, Messico e Colombia, provate quindi a immaginare quanti chilometri percorrano e di conseguenza tutti i trattamenti a cui vengono sottoposte per poter essere conservate per così tanto tempo…
Ora che avete ben presente ciò, capite perché insisto per usare frutta di stagione, possibilmente locale. Mangiate le banane, anche a me piacciono, inutile nasconderlo. Ma fatelo con moderazione, ne avranno vantaggio il vostro portafoglio e la vostra salute!

Crespelle con zabaione alla banana e pinoli

INGREDIENTI

Per le crespelle

- 90 gr di latte
- 35 gr di panna fresca
- 25 gr di farina
- Un uovo
- 25 gr di zucchero di canna

Per lo zabaione

- Un uovo intero
- 2 tuorli
- 4 cucchiai di zucchero
- 2 cucchiai di marsala
- Una banana ben matura
- 20 gr di pinoli tostati

TEMPO **40 MINUTI**
DIFFICOLTÀ

PROCEDIMENTO

Preparate le crespelle sbattendo con una frusta l'uovo e lo zucchero, aggiungete la farina e infine il latte e la panna. Una volta ottenuto un composto omogeneo lasciatelo riposare mezz'ora in frigorifero coperto da pellicola.

Fate scaldare una padella antiaderente, ungetela con un po' di burro e versatevi un mestolo dell'impasto distribuendolo uniformemente su tutta la superficie, inclinando la padella e facendola roteare. Quando sarà cotto su un lato girate la crespella con l'aiuto di una spatola e cuocetela anche sull'altro. A cottura ultimata riponetela su un piatto e procedete con la cottura delle altre.

Preparate ora il ripieno mettendo in una casseruola l'uovo intero, i tuorli, lo zucchero, il marsala e la banana a fette. Montate lo zabaione a bagnomaria con una frusta rendendolo ben spumoso, facendo attenzione a non cuocerlo. Una volta addensato toglietelo dal fuoco e usatelo per condire le crespelle che piegherete a metà e poi a metà ancora ottenendo dei triangoli.

Servite spolverando con i pinoli tostati.

Se l'autunno è freddo e uggioso, per trovare il lato positivo anche nel brutto tempo ci vuole un dolce salvifico, un dolce che con il caldo ti sentiresti sempre un filino in colpa a preparare. Utilizziamo un bel frutto di inizio autunno, la pera, poi, non contenti, aggiungiamo un vino, ma non un vino qualunque, per ubriacare, ma solo dolcemente e impercettibilmente, le pere. E infine, per darci un po' un tono, aggiungiamo anche un goccio di liquore agli amaretti sbriciolati, per dare quel quid in più al sapore, ma anche per giocare con le consistenze.

Pere al Moscato e amaretto

INGREDIENTI

- 4 pere kaiser
- 100 gr di zucchero di canna
- 20 gr di maizena
- 4 tuorli
- Una stecca di cannella
- 500 ml di Moscato d'Asti
- 10 amaretti
- 4 cucchiai di Grand Marnier

TEMPO
60 MINUTI
DIFFICOLTÀ

PROCEDIMENTO

Sbucciate le pere conservando il picciolo, tagliatene una fettina dalla base per aiutarle a stare in piedi, quindi ponetele in una casseruola dai bordi alti, con lo zucchero di canna, la cannella e il moscato.

Fate cuocere a fuoco lento con coperchio finché saranno cotte ma ancora al dente, sgocciolatele e togliete il torsolo.

Preparate un composto asciutto di amaretti sbriciolati e Grand Marnier e usatelo per farcire l'incavo delle pere.

Ora recuperate il liquido di cottura e aggiungetevi tanta acqua quanto basta per ottenerne 500 ml. Sbattete in una ciotola i tuorli con la maizena, unitevi lo sciroppo, quindi cuocete il composto a bagnomaria mescolandolo con una frusta sino a ottenere una crema densa.

Servite le pere tiepide adagiandole su un letto di crema al Moscato.

Siamo nel pieno della stagione delle zucche e se con i bimbi per Halloween avete preparato una Jack-o'-lantern, inevitabilmente vi ritroverete con il problema di cosa fare con tutta quella polpa di zucca. Ho preso spunto dalla *Pumpkin Pie*, una torta di zucca dolce tipica del Nord America e dei Paesi anglosassoni dove festeggiano questa ricorrenza da tempo immemore. Ma anche ignorando la festività, che può essere più o meno amata, questa rimane una eccellente ricetta per una crostata autunnale.
Il risultato finale è proprio quello che volevo io: un guscio non eccessivamente dolce con un ripieno compatto e poco zuccheroso, dal sapore e dalla consistenza soffice che profuma di zucca e cannella.

Crostata di zucca

INGREDIENTI

Per la frolla

- 500 gr di farina
- 250 gr di burro
- 250 gr di zucchero semolato
- 80 gr di uova

Per il ripieno

- 500 gr di polpa di zucca
- Un uovo
- 180 gr di latte condensato zuccherato
- 50 gr di uvetta
- Un pizzico di sale
- Un pizzico di cannella
- 5-6 amaretti

TEMPO
60 MINUTI
DIFFICOLTÀ

PROCEDIMENTO

Preparate la frolla *(vedi ricetta p. 174)*, poi mettete il panetto ottenuto in frigo a riposare avvolto da pellicola.

Intanto preparate il ripieno ricavando dalla polpa della zucca, che prima avrete cotto in forno a 180°C per una mezz'ora, una purea omogenea, a cui aggiungerete le uova, il latte condensato e il sale.

Stendete la pasta frolla e usatela per foderare una teglia imburrata e infarinata, bucherellatela con una forchetta e rifilatene i bordi.

Disponete sul fondo l'uvetta e gli amaretti sbriciolati, versatevi sopra il ripieno e usate la frolla rimanente per decorare con le classiche strisce. Cuocete in forno preriscaldato a 190°C per 30 minuti circa, a fine cottura il ripieno deve risultare gonfio e leggermente crepato ai bordi.

Inverno

L'inverno in campagna resta legato al rito più barbaro e arcaico, ovvero l'uccisione del maiale.
Quel giorno, seppur faticoso, diventa una specie di festa dove si riuniscono intere famiglie allargate, parenti e amici con cui ci si scambierà il favore. La mattina di buon'ora le donne di casa preparano il fuoco mettendo su le antiche caldaie di rame: fumo, vapore e acqua bollente accompagneranno l'intera giornata. Quando gli uomini arrivano dalla campagna con il malcapitato, è già tutto pronto e in un battibaleno il povero animale è già appeso. È una scena straziante e molto crudele, se vogliamo dirla tutta, ma...
Le donne, per prima cosa, si fanno dare qualche pezzo magro, da preparare per il pranzo. La carne fresca, semplicemente rosolata e bagnata con il vino, spande un profumo che fa subito dimenticare le immagini peggiori. Così, tra lavoro di braccia, chiacchiere e un gustoso pranzetto, si continua fino a sera, riducendo la carne in cubetti tagliati al coltello di diversi tipi, i pezzi più pregiati per i salami e il resto per le comuni salsicce.
Una cosa curiosa che ricordo dall'infanzia era la preparazione della vescica, che veniva lavata velocemente e subito gonfiata con un filo di pasta, un bucatino, come se fosse un palloncino perché altrimenti, raffreddandosi, si sarebbe indurita diventando inutilizzabile; molti la usavano come borraccia o per conservarvi lo strutto.
Io, di solito, mi occupo del vin brûlé *(vedi ricetta p. 181)* per tenere tutti al caldo, mio fratello invece prepara i ciccioli, raccogliendo la pelle in un gran pentolone dove bolle per ore, così tanto che un anno il calore gli ha bruciato tutte le sopracciglia...
Alla fine, dopo tre giorni di duro lavoro e un lungo periodo di essiccazione e affinamento, il maiale curato per mesi si trasforma in preziosi salumi, che è bello condividere con parenti e amici.

Mi piaceva l'idea di creare un aperitivo insolito che unisse l'aromaticità di uno spirito come il gin al gusto netto ma delicato del sedano che peraltro, essendo ricchissimo di vitamina A, d'inverno rappresenta un vero toccasana per le difese del nostro organismo impegnate a combattere contro i rigori del clima.

Aperitivo al sedano

INGREDIENTI

- 50 gr di zucchero di canna bianco
- 100 gr di sedano
- 60 gr di ghiaccio
- La scorza di ½ lime
- Il succo di 2 lime
- 500 gr di acqua
- 30 gr di gin
- Tabasco (facoltativo)

TEMPO
10 MINUTI
DIFFICOLTÀ

PROCEDIMENTO

Mettete i cubetti di ghiaccio in un canovaccio da cucina e batteteli energicamente con un matterello in modo da frantumarli, agevolando il lavoro del frullatore.

Nel bicchiere inserite quindi il sedano, lo zucchero e il succo dei lime e frullate per qualche minuto a velocità media, aggiungete il ghiaccio e continuate a frullare sino a che il composto non sarà omogeneo, unite quindi l'acqua e il gin.

Filtrate tutto con un colino e servite subito.

Se volete personalizzarlo con un tocco più interessante, potete aggiungere un goccio di tabasco.

Sono talmente una fan dei cappelletti che ho pensato anche una versione da offrire come aperitivo, questa volta senza la sfoglia che viene sostituita dalla bresaola! Sono molto facili da preparare e di grande effetto. L'unica accortezza è chiedere al salumiere che le fette siano integre, regolari e senza fessure, quindi nel dubbio fatele tagliare un po' più spesse.

Cappelletti di bresaola ripieni di robiola, ricotta e noci

INGREDIENTI

- 20 fette di bresaola
- 50 gr di robiola
- 50 gr di ricotta
- 40 gr di noci sgusciate e tostate
- Un cucchiaio di erba cipollina
- Pepe

PROCEDIMENTO

Tritate grossolanamente le noci e l'erba cipollina, unitele ai formaggi, aggiungete una macinata di pepe e amalgamate il tutto.

Ora mettete una quantità di ripieno pari a una noce su ogni fetta di bresaola e formate il cappelletto nella classica maniera ovvero: chiudere a mezzaluna, afferrare i due angoli e unirli facendogli «abbracciare» il ripieno (*la spiegazione la trovate nel dettaglio a p. 173*). Se proprio non vi riescono o non vi soddisfano appieno, una soluzione si trova sempre: spalmate il ripieno su tutta la fetta e arrotolatela o chiudetela a fagottino.

TEMPO
15 MINUTI
DIFFICOLTÀ

Piadine e crescioni sono da sempre i capisaldi di ogni chiosco romagnolo dove bontà, semplicità e gentilezza regnano sovrane: ci si può fermare per uno spuntino a qualsiasi ora e magari sedersi all'ombra di un pino marittimo, o sotto un gazebo, a bere un Sangiovese e scambiare due parole. La vostra piadina verrà cotta al momento e farcita con salumi e formaggi a scelta, così come gli squisiti crescioni. Quello alle erbe, che qui vi propongo in una variante invernale, al pomodoro e mozzarella (che trovate fra le ricette estive) oppure con zucca e patate, inventatelo voi il prossimo autunno.

Crescione invernale

INGREDIENTI

- Un impasto per piadina (*vedi ricetta p. 192*)
- 500 gr di spinaci o erbette
- Uno spicchio di aglio
- Uno scalogno tritato
- Olio EVO
- Sale e pepe
- 200 gr di brie
- 50 gr di uvetta
- 2 cucchiai di parmigiano grattugiato

TEMPO
30 MINUTI
DIFFICOLTÀ

PROCEDIMENTO

Impastate la piadina come spiegato nella ricetta base e lasciate riposare l'impasto per 15-20 minuti.

Lavate gli spinaci, tagliateli grossolanamente al coltello e fateli saltare qualche minuto in una padella in cui avrete soffritto lo scalogno con l'olio e uno spicchio di aglio in camicia schiacciato. Regolate di sale e pepe.

Una volta raffreddati unitevi il brie a tocchetti, l'uvetta e 2 cucchiai di parmigiano grattugiato.

Dividete l'impasto della piadina in porzioni da 80 gr circa, stendetele in dischi sottili da 18-20 cm di diametro. Ne otterete cinque. Vi consiglio di stenderli una alla volta e di cuocerli immediatamente, per evitare di far seccare la pasta.

Farcite ogni disco con un quinto del ripieno preparato, chiudetelo a mezzaluna e premete bene i bordi inumiditi con acqua per sigillarli completamente.

Cuocete i crescioni su una piastra calda o in una padella antiaderente dal fondo spesso, 3 minuti per lato.

Serviteli ancora caldi.

Ormai è inverno, piove poco ma, anche col sereno, comincia a far fresco. Durante il giorno le temperature sono ancora gradevoli, addirittura calde nelle ore centrali, qui a Ravenna il mare rende tutto più mite, ma appena il sole comincia a tramontare, e ormai cala sempre prima, mi assale una gran voglia di casa, intimità e *comfort food*. Adoro preparare i tomini alla piastra perché hanno sapore e consistenza davvero unici, e il mio amico Lorenzo mi perdonerà se anche per questa ricetta ho scelto un abbinamento con il pesce, al posto di quello più tradizionale, ma forse più scontato, con lo speck.

Tomino fondente, mazzancolle, crema di polenta

INGREDIENTI

- 150 gr di polenta istantanea
- 600 ml d'acqua
- Una noce di burro
- 4 tomini stagionati
- 8 code di mazzancolle
- 5 cl di brandy
- Olio EVO
- Sale e pepe
- Erbe aromatiche fresche (timo, maggiorana, origano e salvia)

TEMPO
30 MINUTI
DIFFICOLTÀ

PROCEDIMENTO

Portate a ebollizione l'acqua salata con una noce di burro e una foglia di salvia; versate a pioggia la polenta e cuocetela per una decina di minuti. Aiutandovi col frullatore a immersione ricavatene una crema abbastanza fluida, se necessario aggiungendo acqua calda.

Mettete i tomini in una padella antiaderente con un filo d'olio e cuoceteli un paio minuti per lato, toglieteli dal fuoco e conservateli al caldo. Occorre fare attenzione durante la cottura perché potrebbero gonfiarsi e lacerarsi, dobbiamo ottenere invece un tomino dal cuore filante e morbido all'interno e bello compatto all'esterno.

Nella stessa padella saltate le code di mazzancolle a fuoco vivo, sfumatele col brandy, salate e pepate.

Impiattate in una fondina, mettendo alla base la crema di polenta e adagiandole sopra il tomino e le mazzancolle. Guarnite con le erbe aromatiche e un giro di olio EVO.

Una canzone che ha più o meno la mia età diceva che il mare d'inverno è un concetto che il pensiero non considera, qualcosa che nessuno mai desidera. Non dovrei parlarne male, perché è un pezzo di storia della nostra musica leggera, ma almeno mi permetto di dissentire. A me camminare sulla spiaggia vuota, d'inverno, piace moltissimo, e ancor di più adoro farlo dopo che c'è stato mare grosso, quando l'acqua si ritira e sulla battigia rimane un po' di tutto, conchiglie, legna, frutti di mare e, perché no, una bottiglia con un messaggio...

Message in a bottle

INGREDIENTI

- 80 gr di tofarelle
- 4 cozze
- Un pezzetto di peperoncino fresco
- 5 pomodorini
- 8 olive taggiasche
- Un cipollotto
- Un calamaro
- Olio EVO
- Sale e pepe
- Qualche foglia di basilico

TEMPO
30 MINUTI
DIFFICOLTÀ

PROCEDIMENTO

Cuocete la pasta in acqua bollente salata, scolandola a metà cottura.

Soffriggete il cipollotto nell'olio, aggiungete i pomodorini tagliati a metà, poi saltate la pasta giusto il tempo di insaporirla.

Mettete la pasta e i pomodorini in un vaso contenitore con chiusura a gancio, aggiungete le cozze e i calamari tagliati a rondelle, infine le olive taggiasche, un pizzico di peperoncino e una macinata di pepe.

Chiudete ermeticamente il vaso e infornate per 10 minuti a 100°C con cottura a vapore. Potete sfornare quando le cozze si saranno aperte. Lasciate raffreddare appena, aprite il coperchio e servendo aggiungete una foglia di basilico e un filo d'olio.

La verdura, d'inverno, sembra sempre essere meno ricca, gustosa e varia di quella che troviamo al mercato nella bella stagione. E invece non è così: anche con il freddo abbiamo la fortuna di poter gustare verdure come i porri, buoni da mangiare e molto utili al nostro organismo. E per una perfetta operazione nostalgia, li abbiniamo a un sapore, quello erbaceo e vagamente amaro dei capperi, e a un profumo, quello inebriante del limone, tipicamente estivi.

Tagliolini con crema di porro e zeste candite

INGREDIENTI

- 350 gr di tagliolini all'uovo
- Un porro
- 4 cucchiaini di polvere di capperi
- La scorza di un limone
- 50 gr di zucchero
- Olio EVO
- Sale e pepe

TEMPO
60 MINUTI
DIFFICOLTÀ

PROCEDIMENTO

Il metodo più classico per ottenere una polvere dai capperi sarebbe farli essiccare per ore al sole o nel forno ma ho scoperto che il microonde, pochi minuti alla massima potenza, crea lo stesso effetto. Attenzione a non bruciarli, il passaggio deve essere velocissimo! A questo punto è sufficiente frullarli per ottenere una polvere profumatissima che utilizzerete in tantissime pietanze.

Per le zeste candite sbucciate il limone conservando solo la parte gialla e ricavatene col coltello delle striscioline sottili, tipo julienne. Mettetele in un pentolino con un po' di acqua fredda e portare a ebollizione; scolatele e ripetete l'operazione per 3 volte, serve per togliere dalle bucce l'aspro in eccesso. Fatto ciò, preparate uno sciroppo con 50 ml di acqua e 50 gr di zucchero, mettetelo sul fuoco e quando lo zucchero sarà sciolto immergetevi le scorze e lasciatele andare a fuoco lento fino a che lo sciroppo non si sarà ristretto. Scolate e passatele sotto l'acqua fredda per togliere lo sciroppo in eccesso.

Tritate finemente il porro, mettetelo in una ciotola con olio EVO, coprite con la pellicola da cucina e cuocetelo nel microonde per circa 7-8 minuti alla massima potenza. In questo modo si cucinerà al vapore senza soffriggere, rimanendo dolce e delicato.

Condite con sale e pepe e aiutandovi con il frullatore a immersione ricavatene una crema.

Cucinate i tagliolini in acqua bollente salata, scolateli bene al dente e fateli saltare in una padella con la crema di porro, aggiungendo se necessario un po' di acqua di cottura. Impiattate guarnendo con una spolverata di polvere di capperi e qualche zesta di limone candito.

Questo piatto racchiude in sé i profumi dell'estate, la fragranza dei campi e dei boschi fioriti, quelli dove, se avete un po' di dimestichezza con i fiori avrete raccolto la camomilla, che lascerete essiccare e con la quale preparerete deliziose tisane per tutto l'anno. In inverno questo risotto, delicato ma dal retrogusto sorprendente, viene benissimo con i fiori secchi, ma se avete i fiori freschi a disposizione potete fare questa ricetta anche d'estate, sempre che non vi spaventi l'idea di cucinare un risotto con la calura.

Risotto alla camomilla con gamberi rossi cotti e crudi

INGREDIENTI

- 320 gr di riso Vialone Nano
- 500 gr di gamberi rossi
- Un lt d'infuso di fiori di camomilla
- Uno scalogno
- Un bicchiere di vino bianco secco
- Sale
- Pepe bianco
- Olio EVO
- Una bustina di zafferano
- 30 gr di burro
- 50 gr di parmigiano grattugiato

PROCEDIMENTO

In una padella mettete l'olio e lo scalogno tritato finemente, lasciate appassire e unite il riso, tostandolo per 4/5 minuti. Sfumate con il vino bianco e aggiungete poco per volta l'infuso di camomilla e lo zafferano.

Quando il riso sarà cotto al dente, spegnete il fuoco, aggiungete il burro e il parmigiano, aggiustate di sale, spolverate con del pepe bianco macinato e aggiungete metà dei gamberi rossi, che avrete sgusciato e tagliato a metà. Lasciate mantecare per 5 minuti. Se è troppo denso aggiungete un mestolo di infuso.

Impiattate disponendo sopra il riso i restanti gamberi crudi.

TEMPO
30 MINUTI
DIFFICOLTÀ

Io non credo al destino. Eppure Erica è stata la prima persona che ho conosciuto nella mia esperienza a MasterChef. Quel giorno, a Lambrate, eravamo in 150. Il caso ha voluto che fossimo seduti, affianco, sullo stesso bus, direzione Cremona. Pioveva, mi sentivo un po' solo, spaesato, teso, ma già dalle prime parole con lei ho capito che, in fondo, almeno un volto amico c'era.
E così è stato, fino al giorno della mia eliminazione, e oltre.
È davvero strano: sulla carta io ed Erica non abbiamo molto in comune – a MasterChef non smettevamo di ripeterci quanto fossimo diversi; eppure ci siamo legati in maniera inscindibile e viscerale. Col tempo ho capito il perché. Nonostante le nostre diversissime storie, i nostri inconciliabili interessi e le nostre lontanissime origini, abbiamo entrambi un senso comune della vita, basato sull'educazione, sulla gioia di vivere e sulla bontà – sì, è proprio questa la parola giusta: bontà.
Per questo moivo il piatto che le dedico si basa sull'idea di Camus seondo la quale bisogna imparare ad amare il rovescio e il diritto delle cose. Trovando una misura nella contraddizione, un equilibrio tra i contrari, accettando ogni aspetto della vita – la notte come il giorno, il dolce come l'amaro. ***Giovanni***

Il rovescio e il diritto

ricetta di Giovanni Gaetani

INGREDIENTI

- 250 gr di patate a pasta gialla
- 70 gr di farina bianca
- Un cespo di radicchio rosso di Chioggia
- 50 gr di gorgonzola piccante
- Una noce di burro
- 10 ml di panna fresca
- 10 gr di zucchero di canna
- Un cucchiaio di miele al peperoncino
- 2 cucchiai di pistacchi
- Una prugna essiccata

TEMPO
60 MINUTI
DIFFICOLTÀ

PROCEDIMENTO

Bollite per prima cosa le patate, poi schiacciatele e dividetele in due parti; con la prima parte impastate gli gnocchi, senza eccedere con la farina; con l'altra invece preparate degli gnocchi viola, aggiungendo all'impasto il radicchio sbollentato e tagliato al coltello.

Sciogliete in un pentolino il gorgonzola piccante allungandolo con la panna e una noce di burro. Tagliate a forma di spaghetto il radicchio avanzato, togliendo i costoni bianchi. A questo punto caramellatelo in padella con burro, zucchero di canna e miele al peperoncino.

Nel frattempo tritate i pistacchi tostati e salati e tagliate a pezzetti la prugna essiccata.

Cuocete gli gnocchi e impiattate come segue: al centro la crema di gorgonzola; su di essa, gli gnocchi bianchi e quelli viola; in cima, il radicchio caramellato al miele di peperoncino. Da una parte un cucchiaino di zucchero di canna, dall'altra tre costoni bianchi del radicchio messi a formare la «A» di Albert; spolverate infine sul piatto i pistacchi e i pezzetti di prugna secca.

Lo spezzatino è uno di quei piatti della cucina povera oggi tornati in auge e apprezzati da tutti. Ovviamente è un piatto che richiede tempo perché, per avere un buon risultato, e cioè una carne morbida e tenera, deve essere cotto piano piano a fiamma molto bassa. Potete aiutarvi con una pentola a pressione, che dimezzerà i tempi di cottura della carne e ne conserverà sughi e aromi.

Spezzatino alla birra

INGREDIENTI

- 700 gr di spezzatino di manzo
- 2 fette di lardo
- 2 cipolle
- 2 carote
- Una costa di sedano
- 2 cucchiai di farina
- 150 ml di birra
- 50 ml di acqua
- Sale e pepe

PROCEDIMENTO

Infarinate la carne. In un tegame fate sciogliere le fette di lardo, aggiungete la carne e fatela rosolare a fuoco vivo. Toglietela dalla padella e mettetela da parte.

Nel fondo di cottura soffriggete le cipolle tagliate a fette, aggiungete le carote a rondelle, il sedano a tocchetti e infine la carne. Mescolate e versate birra e acqua. Aggiustate di sale e pepe. Quando raggiungerà il bollore abbassate la fiamma e fate cuocere per circa 2 ore.

Servite accompagnato da polenta, canederli di pane o da uno squisito purè di patate.

TEMPO
120 MINUTI*
DIFFICOLTÀ

*la metà se utilizzate la pentola a pressione

Il pranzo di Babette è un film semplicemente magico: la poesia e la delicatezza con cui ogni personaggio è tratteggiato, la bellezza dei paesaggi, il pensiero che la felicità possa nascondersi ovunque, la libertà che ispira («*Un artista non è mai povero: ho dato solo il meglio di me*», spiega Babette) e la passione sottilmente erotica con cui la protagonista prepara il banchetto ne fanno secondo me il miglior film che un appassionato di cucina possa mai vedere. È per questo che ho voluto dedicare una ricetta a lei, a Babette, e ho reinterpretato il suo cavallo di battaglia, le quaglie *en sarcophage*.

A pranzo con Babette

INGREDIENTI

- 4 quaglie
- 200 gr di fegatini di pollo
- 80 gr di lardo
- 50 gr di tartufo nero
- 100 gr di funghi champignon
- Qualche rametto di timo
- Una cipolla
- 2 fogli di pasta sfoglia pronta (in alternativa *vedi ricetta a p. 176*)
- 10 cl di Madeira o altro vino liquoroso
- Uno spicchio di aglio
- Olio EVO
- Sale e pepe

TEMPO
60 MINUTI
DIFFICOLTÀ
ⓜⓜⓜ

PROCEDIMENTO

Preparate il pâté di fegatini facendo soffriggere la cipolla con l'aglio in camicia, quindi aggiungete i funghi affettati, i fegatini e il timo e portate a cottura. Regolate di sale e frullate fino a ottenere il pâté. Mettetelo a riposare in frigorifero.

Pulite le quaglie e incidetele lungo la spina dorsale. Disossatele, sarà un'operazione più veloce e meno complicata di quanto possa sembrare.

Incidete appena la membrana tra la guaina che contiene le ossa e il petto della quaglia, infilate il dito e tirate, si staccherà tutto, poi con il coltello finite di staccare lo sterno, ricordando anche di togliere l'osso a Y.

Dopo averle disossate, farcitele con il pâté e il tartufo a scaglie, ridate loro una forma arrotondata e avvolgetele con fette di lardo. Infornatele a 180°C per 20 minuti.

Preparare i vol-au-vent ricavando dalla pasta sfoglia 4 cerchi che serviranno come basi. Bucherellateli con i rebbi di una forchetta e sovrapponete loro un anello di sfoglia delle stesse dimensioni. Infornateli fino a quando saranno gonfi e dorati.

Con le carcasse della quaglia preparate un fondo con sedano, carota e cipolla. Filtratelo, aggiungete il Madeira e fatelo ridurre a fuoco moderato.

Impiattate le quaglie sopra i vol-au-vent e nappate con la salsa.

L'indivia stufata è uno dei contorni che preparo più spesso durante l'inverno, facile da preparare, leggera e salutare, perfetta per chi sta attento alla linea o semplicemente per chi non vuole mangiare le classiche verdure bollite. È un ortaggio con molte proprietà benefiche per l'organismo e si presta alla realizzazione di tante ricette sane e gustose; il suo sapore leggermente amaro si sposa alla perfezione con la carne delicata del coniglio.

Brunoise di coniglio, indivia, salsa ai pistacchi

INGREDIENTI

- 4 cespi di indivia
- Peperoncino
- Olio EVO
- Sale e pepe
- 400 gr di carré di coniglio disossato
- 60 gr di carote
- 50 gr di sedano
- 50 gr di cipollotto fresco
- Un bicchiere di vino bianco
- 50 gr di pistacchi sgusciati
- 300 ml di brodo vegetale *(vedi ricetta p. 180)*
- 20 gr di roux chiaro
- 30 gr di parmigiano grattugiato
- 4 foglioline di menta

PROCEDIMENTO

Affettate l'indivia a metà nel senso della lunghezza, stufatela in poca acqua con il peperoncino. Salate e cuocete fino a quando sarà ben colorata.

Tagliate a dadolini il coniglio. In una casseruola rosolate le verdure con poco olio e unitevi la carne, fatela dorare a fuoco vivo e sfumate con il vino bianco. Lasciatelo evaporare, salate e pepate.

Frullate i pistacchi con 300 ml di brodo e 20 gr di olio EVO, legate con il roux e mescolate fino a ricavare una crema fluida.

Disponete nel piatto la brunoise di coniglio, poi la scarola e aggiungete infine la salsa delicata ai pistacchi. Guarnite con il parmigiano grattugiato e le foglioline di menta fresca.

TEMPO
30 MINUTI
DIFFICOLTÀ

Qual è la mia bevanda preferita? La birra. E in quale nazione si producono birre deliziose? In Belgio. Dove uno dei piatti tradizionali è proprio l'indivia gratinata. La ritroviamo nei menu di tutte le birrerie belghe, così come nelle cucine di molte case del paese. Nella preparazione dell'indivia qualcuno consiglia di attenuarne l'amarezza eliminando la base del cespo. Un trucco che infastidisce i puristi, per i quali tutto l'interesse risiede proprio in questo gusto, caratteristicamente amaro. Io ho rivisitato la tradizione belga, unendo all'indivia alcuni ingredienti tipici della nostra cucina casalinga, come la salsiccia e la pasta sfoglia. Per creare un piatto tipicamente invernale, da godersi sorseggiando un'ottima birra trappista.

Cannoli alla belga

INGREDIENTI

- 4 cespi di indivia belga
- Un rotolo di pasta sfoglia rettangolare *(vedi ricetta p. 176)*
- 300 gr di patate
- 300 gr di polpa di vitello
- 100 gr di salsiccia
- Uno scalogno
- Il succo di un limone
- Erbe aromatiche
- Una noce di burro
- Olio EVO
- Sale e pepe
- Sesamo nero

TEMPO
90 MINUTI
DIFFICOLTÀ

PROCEDIMENTO

Pulite i cespi di belga eliminando eventuali foglie ammaccate, divideteli a metà, togliete il torsolo centrale e lessateli al dente in acqua bollente salata e acidulata con limone.

Spellate e spezzettate la salsiccia, tagliate a tocchetti la polpa di vitello e rosolate il tutto a fuoco vivo in un soffritto di burro e scalogno tritato, erbe aromatiche, sale e pepe. Cuocete per 5 minuti, eliminate le erbe e frullate tutto nel mixer con il fondo di cottura ottenendo un composto non troppo fine a cui aggiungerete la patata schiacciata.

Spalmate la farcia sulle mezze indivie creando uno strato leggermente bombato, come a voler compensare la metà mancante.

Srotolate la sfoglia, spolverizzatela con semi di sesamo nero e ripassatela col matterello per farli aderire bene. Tagliatene 8 strisce larghe circa 3 cm, e avvolgete ognuna intorno all'indivia con un movimento a spirale, come per fare dei cannoli, lasciando la parte coi semi di sesamo all'esterno.

Poggiate i cannoli così ottenuti su una placca rivestita di carta forno, spennellateli con olio e infornateli a 200°C fino a doratura. Serviteli tiepidi.

Credo che la volontà di una persona di riuscire in una cosa sia più importante del saperla fare; se metti tutto te stesso per raggiungere un obiettivo nulla è impossibile. Penso che la cosa più importante che ho imparato da tutta questa esperienza a MasterChef sia questo, ed Erica ne è la dimostrazione. L'ho vista crescere fino a capire che tra fare crostatine e fare una bouillabaisse non c'è nessuna differenza. **Lorenzo**

Capriolo, cacao amaro, rosa canina e lampone

Ricetta di Lorenzo De Guio

INGREDIENTI

- 400 gr di lombata di capriolo
- 200 gr di patate bollite
- 250 ml di panna fresca
- 100 gr di confettura di rosa canina
- Un cucchiaio di cacao amaro
- 100 gr di lamponi
- 2 cucchiai di zucchero
- 50 gr di burro
- Olio EVO
- Sale
- Un cucchiaio di sherry

TEMPO
40 MINUTI
DIFFICOLTÀ

PROCEDIMENTO

Mettete un filo d'olio in padella, scaldatelo bene e fate cuocere la lombata di capriolo, che avrete salato in precedenza, fino a ottenere una bella rosolatura, avendo però cura di lasciarla al sangue.

In un'altra padella fate sciogliere il burro con un cucchiaio di cacao amaro. Aggiungete la lombata e lasciatela rosolare leggermente, stando attenti a non cuocerla troppo. Togliete la carne dal fuoco e fatela riposare.

Prendete le patate bollite, schiacciatele, mettetele in pentola aggiungendo la panna già portata a bollore. Rigirate sul fuoco fino a ottenere una consistenza cremosa, a questo punto unite la confettura di rosa canina, salate, mescolate e levate dal fuoco.

Mettete lo zucchero in padella, fate andare a fuoco medio fino a che non diventa trasparente, aggiungete i lamponi interi e sfumate con un goccio di sherry, sfiammate brevemente quindi togliete dal fuoco.

Impiattate disponendo prima una spolverata di cacao, poi il capriolo tagliato a fette spesse 1 cm, accanto una quenelle di purè e i lamponi con la loro salsa.

Cruda, scottata, stufata. La seppia non ha mezze misure. O non si cuoce affatto, o lo si fa per pochissimi minuti, oppure si prolunga fino a ritrovare la tenerezza che una cottura media compromette. A maggior ragione visto che usiamo le seppioline, che contrariamente a quanto si potrebbe pensare sono più tignose delle loro sorelle più grosse.

Seppie scottate, crema di zucca, pancetta croccante

INGREDIENTI

- 400 gr di seppioline pulite
- 200 gr di zucca
- 50 gr di porro
- Olio EVO
- Sale e pepe
- 50 ml di latte
- 30 gr di burro
- Uno spicchio di aglio
- 80 gr di pomodorini confit (*vedi ricetta p. 186*)
- 4 fette di pancetta coppata

TEMPO
60 MINUTI
DIFFICOLTÀ

PROCEDIMENTO

Soffriggete in una casseruola il porro tritato con un cucchiaio d'olio, aggiungete la zucca privata della scorza e tagliata a cubetti, versate latte e acqua sufficienti per coprire il tutto. Mettete il coperchio e cuocete a fuoco dolce per circa 20 minuti, fino a quando la zucca risulterà tenera. Scolatela e mettetela nel bicchiere del mixer, aggiungete il burro, condite con sale e pepe e frullate fino a ottenere una crema liscia. Se necessario allungatela con un paio di cucchiai di acqua di cottura. Mettete da parte.

Tagliate le seppioline a listarelle larghe 5 mm. In un tegame soffriggete lo spicchio di aglio, unite le seppioline, salate, pepate e cuocetele a fuoco vivace per 5-6 minuti.

In una padella antiaderente, una alla volta, arrostite le fette di pancetta coppata; copritele con un peso, per esempio un batticarne, per evitare che si arriccino in cottura, dovranno essere croccanti e perfettamente piatte.

Impiattate disponendo la crema di zucca alla base, le seppioline sopra e contornate con i pomodorini confit, la pancetta e qualche ciuffo verde, finocchietto, prezzemolo oppure timo.

Quando si parla di cucina di campagna, una delle ricette che mi vengono subito in mente è senza dubbio la mitica torta di Nonna Papera, quella che tutti noi abbiamo visto sui fumetti Disney e della quale abbiamo potuto solo immaginare profumo e sapore.
Un giorno ho trovato la ricetta su un vecchio *Topolino*, mi sono incuriosita e l'ho sperimentata. Devo dire che il risultato mi è davvero piaciuto, era una classica ricetta di un'altrettanto classica torta di mele, ma era lontanissima dalla torta che mi ero immaginata durante l'infanzia. Ho attinto a tutta la mia fantasia e immaginazione, e ho provato a farla io, come secondo me doveva essere, semplice e buonissima. E con un segreto...

La crostata di Nonna Papera

INGREDIENTI

Per la frolla

- 500 gr di farina
- 250 gr di burro
- 250 gr di zucchero semolato
- 80 gr di uova

Per il ripieno

- 300 gr di mele Golden a cubetti
- 100 gr di zucchero
- 30 gr di burro
- 40 gr di uvetta
- 40 gr di pinoli tostati
- Un pizzico di cannella
- Un goccio di rum

Per la copertura

- 150 gr farina di mandorle
- 150 gr di burro
- 150 gr di zucchero a velo
- 55 gr di farina
- 3 uova

PROCEDIMENTO

Preparate la frolla *(vedi ricetta p. 174)* e mettetela a riposare in frigo.

Fate caramellare lo zucchero in una padella, aggiungete le mele a cubetti e il burro, coprite e lasciate cuocere finché lo zucchero non sarà sciolto, aggiungete l'uvetta, la cannella e i pinoli tostati. Continuate la cottura per altri 4-5 minuti, e comunque fino a quando le mele risulteranno morbide senza però essere cedevoli. Sfumate col rum e lasciate raffreddare.

Per la copertura montate burro e zucchero, unite le uova una alla volta poi le farine. Impastate fino a ottenere un composto omogeneo.

Rivestite una teglia con la pasta frolla, bucherellate il fondo e versatevi il ripieno alle mele, quindi coprite con il composto di mandorle.

Guarnite la superficie con mandorle filettate e zucchero a velo.

Cuocete in forno a 170°C per 45 minuti circa, fino a doratura.

TEMPO
60 MINUTI
DIFFICOLTÀ

Dovete sapere che i Liverani sono fortemente radicati nel territorio ravennate: il parente che vive più lontano sta a Bagnacavallo, a pochi chilometri da qui. Nella nostra famiglia però, svariati anni fa, dal lontano Abruzzo è entrata a far parte l'Esterina, moglie di mio zio Gino, che tutti ormai chiamavamo Bia. Era divertente ascoltare come cercasse di parlare il nostro dialetto, senza che questo smorzasse la sua cadenza cantilenante abruzzese. Sono tante le cose che potrei raccontare di lei, dalle mangiate durante le quali dispensava consigli, più o meno condivisibili, al rituale del caffè dopo pranzo, occasione per fare due chiacchiere e per ricordarsi che, anche se il tempo passava e ci si vedeva sempre meno, i legami e le radici erano sempre forti. Come tutte le «azdore» di casa Liverani, anche lei si dilettava in cucina e quando passo davanti alla sua casa, ormai vuota, mi sembra ancora di sentire il profumo di quel ciambellone, tipica ricetta della nostra cucina, ma che solo lei sapeva fare così buono. Vi copio la ricetta pari pari dal mio ricettario, dove l'ho intitolata «*Zamblò* Bia», la dose del latte è a occhio perché il ciambellone è una di quelle preparazioni che si fa così… a occhio! Per questo viene sempre un po' diversa ma sicuramente sempre buona!

Zamblò, il ciambellone

INGREDIENTI

- 500 gr di farina
- 100 gr di strutto
- 3 uova
- 200 gr di zucchero
- Una bustina di lievito per dolci
- La scorza di un limone
- Latte per impastare

TEMPO
60 MINUTI
DIFFICOLTÀ

PROCEDIMENTO

Unite tutti gli ingredienti, possibilmente a mano; ho provato con l'impastatrice ma il risultato non è soddisfacente, viene troppo fine perdendo quella natura rustica che lo contraddistingue. La consistenza dell'impasto che si deve ottenere è abbastanza densa, a fatica lo riusciremo a mescolare con un cucchiaio. Se è troppo liquido in cottura si adagerà, considerate che non andrà cucinato in una tortiera ma direttamente sulla placca del forno.

Con l'aiuto di una spatola mettete l'impasto su un foglio di carta forno formando uno o due mucchietti. Cospargetene la superficie con zucchero in granella o semolato e cuocetelo in forno a 180°C fino a doratura. Ci vorranno almeno una quarantina di minuti; verificate la cottura all'interno con l'ausilio di uno stuzzicadenti che dovrà uscirne asciutto.

Un dolce facile e veloce, un trucchetto per gustare la vostra frutta preferita anche fuori stagione. Ogni volta potrete modificare la ricetta seguendo l'estro di giornata, magari aggiungendo un goccio di panna fresca alle fragole, di limone alle pere, oppure del liquore o delle spezie profumate.

Sorbetti di frutta senza gelatiera

INGREDIENTI

- 500 gr di frutta fresca congelata
- 70 gr di zucchero
- 2 albumi

PROCEDIMENTO

Congelate la frutta quando è buona, quindi quando è di stagione. Oltretutto ne troverete di più, e a un prezzo più conveniente. Le fragole in primavera, le pesche d'estate, i kiwi in autunno… E quando ci si ritroverà a dover improvvisare un dessert sarà sufficiente frullare lo zucchero con la frutta ottenendo una specie di granita che renderemo cremosa aggiungendo gli albumi.

TEMPO
5 MINUTI
DIFFICOLTÀ

Il latte imperiale, o latte brûlé come lo chiamiamo noi, è da sempre il mio dolce preferito. Forse perché ci vuole tanto tanto tempo per ottenere un buon risultato. Un po' come i lievitati, non esistono modi per accelerare i tempi, come succede alla natura del resto... e tutta l'attesa non fa altro che aumentare il desiderio del risultato: quel momento in cui capovolgi lo stampo sperando che il latte si stacchi perfettamente dai bordi.
Quante delusioni da bambina: quando lo facevo io, per anni il più delle volte lo abbiamo mangiato direttamente dallo stampo perché si scomponeva tutto. Ero avvilita e arrabbiata e non capivo perché. Col tempo ho scoperto come mai. Avevo fretta e cercando di forzare i tempi non facevo altro che rovinare tutto. Ci vuole pazienza!
Ho copiato la ricetta direttamente dal ricettario di mia mamma, non ci sono i grammi, ma vi assicuro che se ci mettete amore e pazienza otterrete un gran risultato.

Il latte imperiale

INGREDIENTI

Per il latte

- 2 lt di latte intero
- Una stecca di vaniglia
- 2 uova intere
- 11 tuorli
- 12 cucchiai di zucchero

Per il caramello

- 8 cucchiai di zucchero
- 4 cucchiai di acqua

TEMPO
3 ORE E ½
DIFFICOLTÀ

PROCEDIMENTO

Incidete la stecca di vaniglia con un coltellino, estraetene i semi e metteteli nel latte. Fatelo sobbollire in una casseruola a fuoco basso fino a quando ne sarà rimasto solo un litro. In un contenitore amalgamate le uova con lo zucchero, senza montarle, e unitele al latte.

Preparate il caramello facendo sciogliere lo zucchero con l'acqua, fino a farlo diventare dorato. Versatelo nell'apposito stampo da crème caramel distribuendolo su tutta la superficie e attendete che si raffreddi e solidifichi.

Ora trasferite il composto di latte e fatelo cuocere a bagnomaria per circa 1 ora. L'acqua non deve mai bollire altrimenti entrerebbe nello stampo rovinando tutto. Ultimate la cottura in forno a 140°C per 10 minuti. Una volta freddo lasciatelo riposare per almeno 4 ore in frigorifero.

Al momento di servire staccate con molta delicatezza il latte imperiale dai bordi dello stampo, aiutandovi con un coltello o una spatolina, e capovolgetelo su un piatto da portata.

Cosa fare con gli albumi avanzati? Se meringhe e pavlove vi hanno stufato, se trovate che la *Angel cake* sia orribile, allora potete usarli per preparare delle deliziose lingue di gatto che una volta asciugate potranno essere conservate per settimane in una scatola di latta. Utilizzate 25 gr di farina, 25 di burro e 25 di zucchero a velo per ogni albume. Amalgamate tutti gli ingredienti partendo da burro e zucchero, aggiungendo la farina e infine gli albumi. Aromatizzate con la vaniglia. Mettete il composto in un sac à poche e formate su una placca foderata dei bastoncini lunghi 6 cm. Cuoceteli per 8 minuti a 200°C, i bordi cominceranno a dorarsi. Una volta raffreddate potete anche glassarle con del cioccolato, saranno irresistibili.

Quella che per me e la mia famiglia è sempre stata la norma, ovvero preparare marmellate, sciroppi e conserve di verdure, ma anche la pasta, il formaggio fresco e il pane, a molti miei conoscenti, specialmente quelli che abitano in città, sembra quasi un lusso d'altri tempi. Abituati come sono a trovare tutto pronto al supermercato nemmeno immaginano che si possano preparare in casa, senza troppa fatica e con grande soddisfazione.

Da qui in avanti troverete ricette e consigli che vi consentiranno di preparare sempre più cose con le vostre mani. Scoprirete tecniche base di facile esecuzione, che serviranno (così come servono in questo libro) come punto di partenza per molte altre.

Capirete che preparare un cestino del pane sontuoso è molto più semplice ed economico di quanto abbiate mai immaginato, così come con un pizzico di fantasia potrete organizzare merende squisite per voi e i vostri bimbi, e che materie prime di qualità, un po' di manualità e di pazienza vi consentiranno di portare in tavola sapori e profumi sani e genuini, anche quando non sarà più stagione.

Oltre le stagioni

Le ricette base

In questo capitolo ho cercato di riunire una serie di basi e preparazioni che qui e là avete trovato nelle ricette di questo libro.
Forse in alcuni casi vi sembreranno scontate ma, e l'ho capito durante la mia avventura a *MasterChef*, padroneggiare queste tecniche e conoscere gli strumenti da utilizzare in cucina vi consentirà di affrontare la preparazione di qualsiasi pietanza con serenità.
Pensate a queste pagine come a una cassetta degli attrezzi. Saperli usare tutti, attraverso la pratica e l'esercizio costante, vi permetterà di coglierne i segreti, e con essi le infinite possibilità di utilizzo creativo.
È vero, chiunque può cucinare, ma solo i più intrepidi e fantasiosi possono diventare grandi cuochi.

Se mi chiedessero di chiudere gli occhi e pensare alla mia infanzia, la prima immagine sarebbe quella di mia mamma che fa la sfoglia. Gliel'ho vista fare centinaia di volte, con una destrezza tale che sarebbe riuscita a prepararla anche a occhi chiusi... e mica 2 o 3 uova alla volta: minimo 5! Non poteva perdere tempo facendone meno e, pensandoci, meno non sarebbe bastata. Se la sfoglia era destinata alle tagliatelle, mia sorella e io stavamo a guardare, ma se bisognava fare i cappelletti avviavamo una catena di montaggio perfetta: mamma tirava la sfoglia e tagliava i quadretti, Claudia, la maggiore, metteva il *batù*, che poi sarebbe il ripieno, come lo chiamiamo dalle mie parti, e io iniziavo a chiudere la pasta prima che si asciugasse. E insieme finivamo il lavoro disponendoli ordinati sui vassoi.

La sfoglia...

INGREDIENTI

- 250 gr di farina 0
- 50 gr di semola
- 3 uova

TEMPO
20 MINUTI
+ 20 di riposo
DIFFICOLTÀ

PROCEDIMENTO

Se la volete fare come fanno le vere sfogline, per prima cosa procuratevi spianatoia e matterello.

Mettete la farina a fontana, fate una cavità al centro e rompetevi dentro le uova.

Con una forchetta sbattetele incorporando poco alla volta la farina.

Con la mano libera contenete la fontana e continuate a impastare, prima con la forchetta, poi con le mani fino a ottenere un panetto liscio.

Avvolgetelo con la pellicola e lasciatelo riposare per 20 minuti circa, dopodiché infarinate la spianatoia e iniziate a stendere con il matterello, dal centro verso l'esterno. Per ottenere una sfoglia più regolare possibile è sufficiente ruotarla di 45° fra un passaggio e l'altro. Se dovesse risultare troppo morbida o addirittura appiccicosa spolveratela spesso con della farina prestando attenzione che non diventi troppo dura, risulterebbe difficile da stendere e si seccherebbe troppo in fretta. Lo spessore finale dovrebbe essere attorno al mezzo millimetro ma questo dipende dall'uso che ne dovete fare.

Alla peggio tiratela con la macchinetta, l'impasto risulterà più liscio e omogeneo. Io non la faccio mai così perché il sugo anziché aggrapparsi alle tagliatelle ci scivola sopra.

Mia madre prepara la sfoglia talmente in scioltezza che ne avevo sottovalutato la difficoltà. Quando la feci per la prima volta, la fontana che avevo formato con la farina non era abbastanza compatta per contenere le uova e io non abbastanza agile da riuscire a evitare lo sfondamento dell'argine. Così la mia prima esperienza finì passando lo straccio sul pavimento più e più volte... perché l'uovo secco è come il cemento e se non lo pulisci bene non lo stacchi neanche con la cazzuola.

Ma visto che già allora ero testona e i fallimenti per me diventavano sfide, provai e riprovai finché non mi riuscì e da allora non ho più smesso di farla.

...e i cappelletti

INGREDIENTI

Per il *batù* tradizionale dei Liverani

- 300 gr di parmigiano
- Un uovo
- Noce moscata

Per un *batù* moderno

- 100 gr di raviggiolo
- 100 gr di ricotta
- 150 gr di parmigiano
- Noce moscata
- La scorza di ½ limone

Per un *batù* di carne

- 100 gr di petto di cappone lesso
- 90 gr di ricotta
- 90 gr di raviggiolo
- 30 gr di parmigiano
- Noce moscata
- La scorza di ½ limone

TEMPO **30 MINUTI**
DIFFICOLTÀ

PROCEDIMENTO

Ora la sfoglia è pronta per diventare tutto ciò che desiderate: tagliatelle, tagliolini, lasagne, farfalle, quadrettini, pasta ripiena di ogni genere. Potete prepararla e cuocerla all'istante o lasciarla asciugare e congelare.

Per fare i cappelletti stendetela non troppo sottile, come vuole la tradizione, possibilmente a mano, col matterello, ma in questo caso anche con la macchinetta si ottiene un buon risultato.

Usate la rotella per tagliare la sfoglia in quadri da 5 cm, poi appoggiatevi sopra una pallina di ripieno. Piegate il quadrato lungo la diagonale, ottenendo un triangolo, fate aderire bene i bordi e schiacciate con le dita, non bisogna rischiare che si aprano durante la cottura.

Arrotondate la base del cappelletto verso l'alto, quindi congiungetene le estremità ad anello, avvolgendolo attorno al dito indice. Premete bene per far aderire il punto di chiusura, poi riponeteli, man mano che sono pronti, su un vassoio ben infarinato facendo molta attenzione a che non si tocchino fra loro, altrimenti si attaccheranno.

Se proprio vedete che non riuscite, potete semplicemente chiuderli a forma di triangolo. Non saranno cappelletti, ma saranno buoni comunque...

La pasta frolla è di cruciale importanza per chi ama fare dolci. Serve per preparare crostate, *pie*, tartellette, piccole basi da farcire con creme, frutta e confetture.
Gli ingredienti utilizzati per l'impasto base sono: farina, grassi (principalmente burro), zucchero e uova.
Esistono decine di varianti modificando il tipo di farina, di zucchero, e anche sulle uova esistono diverse scuole di pensiero, c'è chi le usa intere, chi solo i tuorli, chi solo albumi, e c'è anche chi la fa senza.
Quella che vi propongo e che potrete utilizzare in tutte le preparazioni di questo libro è secondo me la più adatta per fare crostate. Per quanto riguarda gli aromi potete scegliere quelli che meglio si armonizzano con la preparazione che vi accingete a fare, scorza di arancia, lime, limone, cannella, vaniglia... ma vi prego, non usate la vanillina, che è un prodotto di sintesi, piuttosto non mettete nulla.
Una volta ottenuto il vostro panetto potrete conservare la frolla avanzata nel freezer e utilizzarla alla bisogna, è molto comoda quando si ha poco tempo! Io la arrotolo tipo salame, la avvolgo nella pellicola e la congelo così se la sera mi accorgo di non avere nulla per la colazione, accendo il forno, spennello il rotolino con latte, lo passo nella granella di frutta secca, lo taglio a fettine e in un attimo ho dei biscottini pronti per andare in forno.

La pasta frolla

INGREDIENTI

500 gr di farina

250 gr di burro

200 gr di zucchero semolato

80 gr di uova intere
Le uova sono indicate in grammi e non a numero perché in pasticceria è molto importante la precisione. Queste ricette sono calibrate al grammo per ottenere sempre lo stesso risultato. Mediamente un uovo pesa 50 gr ma il peso può variare da 40 a 60 gr e andando a numero potreste trovarvi la frolla appiccicosa o troppo dura e briciolosa, quindi ascoltate il mio consiglio: pesatele!

PROCEDIMENTO

Gli ingredienti vanno amalgamati tutti insieme, a mano o nella planetaria. Io preferisco usare il metodo sablé, che consiste nell'unire prima la farina e il burro in modo tale da ottenere un composto simile alla sabbia, a cui si aggiungono poi uova e zucchero impastando il meno possibile fino a ottenere un panetto omogeneo che prima di essere utilizzato dovrà riposare mezz'ora in frigo per permettere al burro di solidificarsi.

TEMPO
20 MINUTI
+ 30 di riposo
DIFFICOLTÀ

La pasta sfoglia è una bruttissima bestia, e in commercio se ne trovano di eccellenti, abbiate solo un po' di accortezza nel leggere sull'etichetta gli ingredienti.
Nelle ricette che ne prevedono l'utilizzo ho indicato la pasta sfoglia in rotolo, ma se avete voglia di cimentarvi, ecco a voi i due metodi per ottenere una squisita pasta sfoglia fatta in casa.

La pasta sfoglia

INGREDIENTI

- 400 gr di farina 0
- 420 gr di burro
- 200 gr di acqua fredda
- 6 gr di sale

TEMPO
PARECCHIO*
DIFFICOLTÀ

*varia a seconda del metodo utilizzato

PROCEDIMENTO

Metodo veloce o olandese
(adatto per la preparazione di torte salate)

Tagliate il burro a cubetti, quindi impastate tutti gli ingredienti fino a ottenere un impasto liscio. Fate riposare una mezz'ora e procedete quindi con i giri, due singoli e due doppi.

In cottura triplicherà di volume, ma rispetto al metodo tradizionale avrà strati di pasta meno evidenti.

Metodo tradizionale o francese
(adatto per la preparazione di vol-au-vent o sfogliatine)

Impastate 300 gr di farina con l'acqua, il sale e 20 gr di burro, ne dovrà risultare un composto liscio e omogeneo che coprirete con pellicola e farete riposare per 1 ora a temperatura ambiente.

Impastate i 400 gr residui di burro con 100 gr di farina, ricavatene un panetto che incorporerete all'impasto già pronto. Date un giro semplice e uno doppio. Fate riposare mezz'ora in frigo e ripetete l'operazione: giro semplice, giro doppio, riposo.

È possibile congelare l'impasto.

Padroneggiare la pasta choux è uno scoglio fondamentale per chi vuole dedicarsi alla pasticceria, ma non solo. Non è semplice imparare a riconoscere la consistenza giusta da dare all'impasto perché cresca bene in forno. È cruciale poi azzeccarne la cottura per ottenere dei bignè croccanti e asciutti anche all'interno. È bene sapere che per una buona riuscita è indispensabile usare una farina debole, quindi con una percentuale bassa di proteine che non devono superare il 10%, perché il glutine conferisce elasticità all'impasto, noi invece li vogliamo friabili e non gommosi.
È fondamentale non aprire mai il forno durante la cottura altrimenti lo shock termico li farà collassare e allora vi ritrovereste dei dischetti piatti al sapore di bignè... ma non sapreste proprio che farvene.

La pasta choux

INGREDIENTI
per 20 bignè

- 125 ml di acqua
- 50 gr di burro
- Un pizzico di sale
- 75 gr di farina
- 100 gr di uova

TEMPO
60 MINUTI
DIFFICOLTÀ

PROCEDIMENTO

In una pentola versate l'acqua, il burro e un pizzico di sale, quindi portate a ebollizione.

Incorporate la farina setacciata e mescolate in modo da ottenere una miscela omogenea.

Proseguite la cottura per un paio di minuti girando l'impasto fino a quando si staccherà facilmente dalle pareti interne della pentola e inizierà a sfrigolare.

Versate il preparato nella planetaria o in un apposito recipiente.

Fatelo raffreddare a temperatura ambiente, quindi amalgamatevi le uova, uno alla volta. Al termine dovreste avere una pastella soffice, uniforme e non eccessivamente liquida.

Rivestite una teglia con la carta forno e, con una tasca da pasticcere, mettete a distanza regolare (circa 5 cm) delle piccole sfere, fino a esaurire l'impasto.

Cuocetele in forno già caldo a 200°C. La temperatura alta permetterà ai bignè di gonfiarsi bene. A fine cottura dovranno risultare lisci, leggeri e ben incavati in modo da poter contenere agevolmente il ripieno.

Nella preparazione di molti prodotti da forno sarebbe bene sostituire una parte di lievito con la biga, un impasto fatto ore prima usandone minima quantità, riducendone così notevolmente la quantità totale e ottenendo pani e focacce dal sapore più gradevole, più profumati e maggiormente digeribili.
È bene utilizzare una farina forte, la Manitoba del supermercato è perfetta perché contiene molto glutine, il cibo preferito del lievito!

La biga

INGREDIENTI

- 500 gr di farina
- 240 gr di acqua fredda
- 5 gr di lievito di birra

PROCEDIMENTO

Impastate tutti gli ingredienti per 8-10 minuti, a velocità lenta nell'impastatrice oppure a mano. Riponete l'impasto in un contenitore unto chiuso con coperchio e lasciate lievitare per circa 18 ore a temperatura ambiente.

TEMPO
18 ORE
DIFFICOLTÀ

Il brodo è il più grande aiuta cuochi che ci sia. Ve ne propongo tre versioni, vegetale, di pesce (prenderà il nome di fumetto) e di carne, da scegliere in funzione della ricetta che andare poi a cucinare. Rispetto alle preparazioni base potrete aggiungere altre verdure o spezie, avendo però cura di evitare ortaggi dalle note pungenti o medicinali come carciofi, cavolfiori, broccoli e cavolacee, che lo renderebbero amaro e alquanto sgradevole.

Il brodo

INGREDIENTI

Per un lt di brodo vegetale

- 300 gr di carote
- 200 gr di cipolla
- Un bouquet guarnito *(ottenuto formando un mazzetto con gambi di prezzemolo, timo, sedano e una foglia di alloro e legandolo con lo spago)*
- 5 gr di sale grosso
- 10 grani di pepe
- 1 e ½ lt di acqua fredda

Per un lt di fumetto di pesce

- 700 gr di lische di pesce a polpa bianca
- 50 gr di cipolla
- 50 gr di porro
- 30 gr di burro
- Un bouquet guarnito
- Sale e pepe
- Un lt di acqua fredda

Per un lt di brodo di carne

- 2 kg di ossa (di pollo o vitello)
- 100 gr di carote
- 60 gr di cipolla
- 50 gr di porro
- 30 gr di sedano
- Un bouquet guarnito
- Sale e pepe
- 2 lt di acqua fredda

PROCEDIMENTO

Per un lt di brodo vegetale

Sbucciate le verdure e tagliatele finemente a rondelle. Unite tutti gli ingredienti in una casseruola e coprite con l'acqua fredda. Portate a ebollizione e fate cuocere per 5-6 minuti.

Per un lt di fumetto

In una casseruola sciogliete il burro, unite le verdure e fatele insaporire qualche minuto. Aggiungete le lische e le spezie, lasciate andare qualche minuto ancora. Coprite con l'acqua fredda, portate a ebollizione e schiumate. Portate piano a cottura per una ventina di minuti. Passate il fumetto al chinois prima di utilizzarlo.

Per un lt di brodo di carne

Sbucciate le verdure e tagliatele finemente a rondelle. In una casseruola sistemate le ossa e copritele con l'acqua fredda. Salate e portate a ebollizione, schiumate, aggiungete verdure e bouquet guarnito, e fate cuocere per 2 ore, sgrassando e schiumando di tanto in tanto. A cottura ultimata percolate il brodo.

Il brodo, filtrato e fatto raffreddare, si può congelare per qualche mese, utilizzando sacchetti monodose o bottiglie di plastica, avendo cura di riempirle massimo all'80%. Così, anche se non avrete tempo di prepararlo ad hoc, ne avrete sempre a disposizione per le vostre ricette. E anche preparare un semplice ma gustoso risotto non sembrerà più un'impresa titanica.

TEMPO
5 MINUTI
+ la cottura
DIFFICOLTÀ

Vi è mai capitato di andare a fare compere ai mercatini di Natale in Tirolo? Odori, musiche, luci, una meraviglia! L'unico problema sarebbe il freddo ma per quello hanno inventato questa meravigliosa bevanda che riscalda il corpo e lo spirito, profuma di Natale, ed è facilissima da preparare.

Il vin brûlé

INGREDIENTI

- Un lt di vino rosso bello corposo
- 3 cucchiai di zucchero
- 2 stecche di cannella
- 3 chiodi di garofano
- ½ noce moscata, grattugiata al momento
- Un'arancia non trattata
- Un limone non trattato

TEMPO
30 MINUTI
DIFFICOLTÀ

PROCEDIMENTO

Sbucciate delicatamente l'arancia e il limone, facendo attenzione a evitare la parte bianca che renderebbe amaro il vino.

In una casseruola mescolate le scorze degli agrumi, tutte le spezie e lo zucchero. Aggiungete il vino rosso e portate lentamente a ebollizione, mescolando finché lo zucchero non si sarà sciolto del tutto.

Lasciate cuocere a fuoco basso per 20 minuti, mescolando ogni tanto, per evitare il bollore.

Filtrate il vino con un colino e versatelo in tazze o bicchieri resistenti al calore, quindi guarnite con le fette di arancia e le stecche di cannella.

Servite fumante.

Quando ai *live cooking* mi sono presentata davanti ai giudici e spiegando cosa stavo preparando ho detto che l'avrei ultimato con una grattugiata di uovo marinato mi hanno subito fatto notare come stessi scherzando col fuoco. E il complimento più bello mi è arrivato proprio da chef Cracco, cui spetta l'idea primigenia di questa ricetta, che dopo aver assaggiato il piatto ha aggiunto che avrei anche potuto metterne di più. L'azzardo aveva pagato.

L'uovo marinato alla maniera di Carlo Cracco

INGREDIENTI

- Tuorlo d'uovo freschissimo
- Sale e zucchero in eguale quantità
- Tanta pazienza

TEMPO
DA 3 ORE A 15 GIORNI
DIFFICOLTÀ

PROCEDIMENTO

Il tuorlo è ricco di acqua e proteine. Nel momento in cui il sale e lo zucchero iniziano ad assorbire l'acqua, le proteine subiscono un processo chiamato denaturazione. Questo provoca la solidificazione. Il maggiore indurimento si avrà nella parte esterna, quella a contatto con la miscela di sale e zucchero. Più l'uovo resta avvolto più si solidifica anche al suo interno.

Prendete una ciotola e fate uno strato di sale e zucchero, disponete i tuorli e coprite bene con la mistura. Fate riposare coperto con la pellicola. Dopo 3-4 ore avrete un tuorlo duro fuori ma dall'interno cremoso, buonissimo nelle insalate.

Se invece volete lasciarlo indurire, riponete il tutto in un barattolo di latta o comunque in un contenitore non ermetico, lasciatelo riposare in un luogo fresco e asciutto e dopo due settimane avrete il vostro tuorlo marinato solido e pronto da grattugiare.

Per la serie «nulla va sprecato». Il concetto che vorrei trasmettere è che anche con gli scarti, come le scorze delle arance, si possono preparare cose buonissime e, perché no, anche degli splendidi regali di Natale.

La frutta candita (a caldo)

INGREDIENTI

- 4 arance non trattate
- Zucchero semolato
- Acqua

TEMPO
60 MINUTI
+ tempi di riposo
DIFFICOLTÀ

PROCEDIMENTO

Lavate accuratamente le arance e incidetene la scorza, in modo da ricavarne striscioline larghe 1 cm circa.

Riempite una bacinella d'acqua e lasciate in ammollo le scorzette per circa 3 giorni cambiando l'acqua spesso, almeno ogni 8 ore, in modo da ridurne il più possibile l'amaro.

Trascorso questo tempo, fatele bollire in un pentolino con abbondante acqua per 10 minuti, poi raffreddatele in una ciotola di acqua e ghiaccio. Scolatele e asciugatele con un panno.

Ora, prima di procedere con la canditura, è importante conoscere il peso esatto delle scorzette, perché dovrete utilizzare una pari quantità di zucchero.

Preparate quindi lo sciroppo versando zucchero e circa 700 ml d'acqua in un tegame e amalgamate a fiamma dolce. Aggiungete le scorzette e mescolate fino a completo assorbimento.

Disponetele su un vassoio e lasciatele raffreddare, avendo cura di separare quelle che si sono attaccate tra di loro. Quando sono ancora tiepide è il momento giusto per arrotolare ogni singola scorzetta nello zucchero, in modo che risulti pralinata. Lasciatele riposare alcune ore prima di servire.

Un altro modo di presentarle è di lasciarle asciugare all'aperto per alcuni giorni, senza passarle nello zucchero, intingendole invece per metà nel cioccolato fondente fuso.

Conservate le scorze d'arancia candite in un luogo asciutto, preferibilmente in barattoli di latta.

La canditura della frutta è un metodo di conservazione molto antico, si ottiene sostituendo l'acqua presente nella frutta, con dello zucchero, che è un conservante naturale, tramite un processo che si chiama osmosi. Questo processo si può ottenere in vari modi, sicuramente quello da me utilizzato richiede molto tempo, cosa che la grande industria non ha a disposizione, ma fa sì che la frutta, non subendo forti shock termici, mantenga le sue proprietà, tra le quali sapore e morbidezza. È possibile candire tutti i tipi di frutta sia intera, sia a pezzi, va da sé che vi saranno delle differenze nei tempi; infatti, sia la diversa quantità di acqua contenuta, sia la diversa grandezza, possono variare il tempo del processo di osmosi. Dunque procuratevi la materia prima, meglio se biologica, e provate a cimentarvi in questa lavorazione, per ottenere ottima frutta candita!

La frutta candita (a freddo)

INGREDIENTI

- Frutta fresca a piacere
- 1660 gr di zucchero
- Un cucchiaio di miele d'acacia
- Acqua

TEMPO 13 GIORNI
DIFFICOLTÀ ⓜⓜ

PROCEDIMENTO

Pelate la frutta e tagliatela, facendo attenzione a non fare pezzi eccessivamente piccoli, quindi mettetela in un recipiente e ricopritela con 1 kg di zucchero. Lasciatela così per 24 ore.

Toglietela dallo zucchero, che nel frattempo sarà diventato liquido. Aggiungete altri 200 gr di zucchero, 450 cl d'acqua e un cucchiaio di miele d'acacia e preparate uno sciroppo, facendo bollire il tutto per 5 minuti.

Mettete la frutta in delle ciotole, separandola in base alla pezzatura, e una volta che lo sciroppo si è intiepidito, versatelo sopra, facendo in modo che la ricopra completamente, magari aiutandovi con un peso. Coprite con un canovaccio e lasciate così per 24 ore.

Estraetela dallo sciroppo, aggiungete 60 gr di zucchero, rimettetelo sul fuoco e fate bollire per 5 minuti, quindi lasciatelo intiepidire e versatelo di nuovo sulla frutta. Ripetete l'operazione per 5 giorni. Passato questo tempo ripetete il tutto aggiungendo 80 gr di zucchero e lasciando riposare il composto 48 ore.

Fatelo un'ultima volta, e lasciate il tutto da parte 4 giorni. Scolate bene la frutta e adagiatela su delle griglie, in modo che possa asciugarsi. Trascorsi 2 giorni avrete la vostra frutta candita che si può conservare in una busta per alimenti anche per 3 mesi.

Quelli confit non sono altro che saporiti pomodorini caramellati in forno; hanno un gusto molto intenso e dolce e sono ideali da servire come antipasto o contorno. Danno un tocco in più a ogni piatto, sono perfetti per condire una pasta o guarnire una bruschetta. D'estate ne preparo in quantità e li conservo congelandoli. Sono comodissimi in inverno per dare colore e sapore anche a piatti dell'ultimo minuto.

I pomodorini confit

INGREDIENTI
per 400 gr
di pomodorini

- 500 gr di pomodori ciliegino
- Uno spicchio di aglio
- 25 gr di zucchero
- Timo
- 35 gr di olio EVO
- Origano
- Sale e pepe
- La scorza di un limone

TEMPO
10 MINUTI
+ 2 ore di cottura
DIFFICOLTÀ

PROCEDIMENTO

Dopo averli tagliati a metà, disponeteli su una leccarda coperta con carta forno, con la parte tagliata rivolta verso l'alto. Insaporiteli con olio, sale, pepe, scorza di limone e zucchero, aggiungete uno spicchio di aglio schiacciato ed erbe aromatiche a piacere. Io adoro metterci il timo e l'origano.

Infornate per circa 2 ore a 140°C in modalità ventilata. Fate attenzione, passata la prima ora controllateli spesso perché il tempo di cottura dipende sia dalla dimensione dei pomodorini che dalla quantità di acqua che contengono. Saranno pronti quando saranno appassiti ma non secchi, e ben caramellati. Io li conservo nel freezer chiusi in un sacchetto e vi garantisco che il sapore non cambia! Potete utilizzarli in svariate preparazioni, per condire la pasta, per decorare i piatti, per dare un tocco in più alle vostre pietanze, quando vi occorre un sapore dolce e acido allo stesso tempo e che vi ricordi l'estate anche in pieno inverno.

Di grande effetto scenico queste roselline colorate e saporite sono ottime per accompagnare qualunque secondo, di carne o di pesce.
È importante prestare attenzione nella scelta delle verdure, dovranno avere all'incirca lo stesso diametro perché verranno tagliate a rondelle e ognuna di esse fungerà da petalo quindi più sono simili più sarà preciso il risultato finale.

Rose di verdure

INGREDIENTI

- Una zucchina
- Una cipolla gialla
- 2 patate
- 2 pomodori San Marzano
- Sale e pepe
- Olio EVO
- Erbe aromatiche fresche

TEMPO
50 MINUTI
DIFFICOLTÀ

PROCEDIMENTO

Sbucciate la cipolla e le patate, tagliate le estremità alla zucchina. Affettate tutte le verdure allo spessore di 1 mm. Riunitele in un contenitore e conditele bene.

Ora mettete sul piano di lavoro un foglio di pellicola e iniziate a disporre le fette di verdura alternandole, sovrapponendo le une sulle altre, leggermente sfalsate, fino a ottenere una striscia di circa 25 cm. Cospargetele con il trito di erbe e partendo dalla prima fetta sollevatela e arrotolate tutta la striscia di verdure. Legate il rotolino con un pezzo di spago e posizionate la rosellina ottenuta in una teglia con carta forno.

Ripetete l'operazione fino a terminare le verdure, quindi infornate a 180°C per 40 minuti. Se si vuole ottenere un effetto più arrostito accendete il grill e lasciate cuocere 5 minuti in più.

La saba è uno sciroppo denso di colore bruno, dal sapore dolce e con un profumo gradevole e leggermente tostato. Si ottiene dal mosto d'uva addensato da una lenta cottura sul fuoco. La sapa, come si chiama in italiano, si prepara durante la vendemmia, quando il mosto comincia a bollire nei tini. Se ne preleva una piccola quantità, la si filtra e la si mette a bollire in un paiolo di rame sul fuoco a legna che in dialetto chiamiamo «furnasèla», e lì la si lascia sobbollire per oltre 10 ore, fino a che si sarà ridotta della metà.
Avremo quindi uno sciroppo di colore scuro, della consistenza di un caramello, che una volta raffreddato e imbottigliato durerà per anni.
Alimento di origine contadina, i sabadoni sono dei tortelloni dolci ripieni, che in passato si facevano d'inverno, in prossimità del Carnevale. Ogni arzdora aveva la sua ricetta, i cui ingredienti potevano variare secondo la tradizione familiare e le disponibilità del momento. In alcune versioni troviamo i fagioli bolliti e passati, le castagne secche oppure la polpa di zucca, le mele cotogne, fichi, pinoli, miele, uva passita e il pane grattugiato. Non ci si mette d'accordo su dove siano nati, se in Emilia o in Romagna, e nemmeno a quale santo siano dedicati; c'è chi li fa 17 gennaio, ovvero Sant'Antonio, chi per San Paolo, a Faenza per San Lazzaro. C'è chi li frigge, chi li lessa e chi li cuoce al forno. L'ingrediente che però non può mai mancare è la saba.

La saba e i sabadoni

INGREDIENTI

Per la sfoglia

- 500 gr di farina
- Un cucchiaio di strutto
- Un cucchiaino di lievito per dolci
- 220 ml di acqua per impastare

Per il ripieno

- 500 gr di castagne secche cotte
- Un cucchiaino di semi di anice
- 2 cucchiai di mostarda dolce
- 2 cucchiai di zucchero
- La scorza di un limone
- Saba a volontà

PROCEDIMENTO

Schiacciate le castagne e fate un impasto aggiungendo lo zucchero, la mostarda dolce, i semi di anice, un po' di scorza di limone e qualche cucchiaio di saba: se risultasse troppo duro aggiungete un po' dell'acqua di cottura delle castagne.

Fate un impasto con la farina, l'acqua, lo strutto e il lievito.

Tirate la sfoglia a uno spessore di 3 mm e tagliatene dei rettangoli di circa 10/12 cm di lato.

Riempite i sabadoni con un cucchiaino di ripieno e formate dei cannelloni che andranno chiusi ai lati schiacciandoli con i rebbi di una forchetta.

Cuoceteli sul testo, 3-4 minuti per ambo i lati.

Metteteli su un piatto e bagnateli con la saba.

TEMPO
50 MINUTI
DIFFICOLTÀ

Il cestino del pane

Emma un giorno mi ha detto che i due odori più buoni sono quelli del pane caldo e della terra bagnata dalla pioggia. E ha perfettamente ragione.

Preparare il pane in casa è un rituale quasi magico: l'attenzione nel preparare gli ingredienti, la fatica e il sudore dell'impasto, l'attesa per la sua misteriosa lievitazione, la cura nel dare la forma, le decorazioni da porre sulla superficie, la spennellatura, la cottura fino a quando la crosta non è ben dorata. E poi c'è il profumo. Che pervade le stanze e raggiunge non soltanto le nostre narici, ma s'insinua nella pelle, evoca ricordi lontani, dei volti amati e dei luoghi più cari, ci riporta all'infanzia, ci rammenta le nostre amicizie più vere e sincere, tocca il nostro cuore, lo rallegra e vi rimane.

Un bel cestino come quello che vedete qui accanto, seppure laborioso, è decisamente versatile. Può essere stuzzichino, antipasto, contorno o vero e proprio piatto. E nulla in cucina ti può divertire così tanto, specie se ami andare controcorrente e provare a sperimentare cose sempre nuove.

Adesso ridete pure, ma quando ho cominciato a lavorare a questo libro la prima ricetta che mi è venuto spontaneo scrivere è stata questa. La piada, ovvero il «cibo nazionale dei romagnoli».
Essendo molto vasto il territorio dove viene prodotta, non esiste un'unica ricetta della piadina, si parla piuttosto di diverse varianti locali: c'è chi mescola la farina di frumento con la farina di mais, chi usa ancora lo strutto come facevano le nonne e chi lo sostituisce con l'olio, chi usa un po' di lievito ecc. Anche nell'aspetto le varie piadine romagnole non sono identiche: nel riminese, per esempio, è più fine e larga, man mano che si sale verso le mie parti diventa più spessa e stretta. E più buona...
Perché, come dice il proverbio «*in tla pida j'è bun nenca i sas*»; per i pochi che non avessero capito «nella piada sono buoni anche i sassi».

La piadina

INGREDIENTI

- 500 gr di farina
- 100 gr di strutto
- 15 gr di lievito chimico
- 2 cucchiaini di miele
- 17 gr di sale
- 55 ml di latte
- 55 ml di acqua

TEMPO
20 MINUTI
DIFFICOLTÀ

PROCEDIMENTO

Impastate tutti gli ingredienti, a mano o nell'impastatrice, ottenendo un panetto morbido ma non appiccicoso.

Ricavatene delle palline di circa 150 gr l'una e stendetele sulla spianatoia con il matterello. Ruotate la piadina di 45° a ogni passaggio del matterello per riuscire a ottenere una forma il più possibile sferica.

Una volta raggiunto lo spessore di circa 3-4 mm cuocete la piadina in una padella dal fondo basso, circa 2 minuti per lato, bucherellando con una forchetta le bolle che si formeranno via via.

Una volta cotta, farcitela e gustatela ancora calda.

La tipica farcitura della piadina è con il prosciutto crudo, lo squacquerone e la rucola, ma, dopo una serata fuori, alle tre del mattino la mia preferita rimane quella con la salsiccia e la cipolla.

Liscia e tagliata a tocchetti sarà l'architrave di ogni buon cestino del pane.

Croccanti e fragranti i grissini sono irresistibili in attesa di iniziare il pasto. Non avendo aneddoti al riguardo mi sono informata sulla loro origine: pare che nacquero nella seconda metà del 1600 per nutrire il futuro re Vittorio Amedeo II che non riusciva a digerire la mollica del pane; così, per accontentarlo, il fornaio di corte creò questo gustoso stuzzichino senza mollica!

I grissini

INGREDIENTI
per 50 grissini

- 500 gr di farina 0
- 30 gr di biga
- 9 gr di sale
- 15 gr di strutto
- 45 gr di olio EVO
- 250 gr di acqua
- 10 gr di lievito di birra fresco
- Semola, semi di sesamo e semi di papavero per guarnire

TEMPO
120 MINUTI
DIFFICOLTÀ

PROCEDIMENTO

Impastate tutti gli ingredienti aggiungendo il sale solo negli ultimi minuti. Mettete l'impasto in una ciotola, copritelo e fatelo puntare per 20 minuti.

Stendetelo col matterello formando un rettangolo e fate un giro di pieghe, in modo che il lato più lungo venga ripiegato a portafoglio. Lasciate riposare coperto altri 20 minuti.

Dividete l'impasto in 4 parti, stendetele col matterello a uno spessore di 8 mm e ungete di olio la superficie.

Tagliate delle striscioline larghe 1 cm e allungatele con le mani facendole passare sulla semola, il sesamo o i semi di papavero. Lasciate lievitare per altri 20 minuti, poi infornate a 200°C per 15-20 minuti fino a doratura.

Adoro questi panini, hanno un profumo che riconoscerei fra mille!
I fornai per me sono artisti speciali, bisognerebbe passare una notte in un forno per capirlo, una sola perché la maggior parte di noi non sarebbe disposto a passarne una seconda in piedi a lavorare mentre tutti gli altri dormono…
Sarà che a casa mia si coltiva il grano da sempre. Sarà che mi ricordo ancora l'emozione di quando mia nonna alzava un lembo del canovaccio per farmi vedere quanto fosse lievitato l'impasto. Sarà l'odore che emana durante la cottura e che mi mette sempre di buonumore, ma io il pane lo adoro proprio. E adoro anche chi lo fa!
Questa ricetta mi è stata data da Mauro (detto Panez), il fornaio di un grazioso paesino in cui ho lasciato un pezzetto di cuore, dove la gente ti saluta e ti sorride anche quando non ti conosce, facendoti sentire a casa. E dove il panettiere, se gliela chiedi con un sorriso, ti regala una ricetta.
Ovviamente ho apportato qualche modifica, l'originale la serbo per me, così Panez non si pentirà di avermi dato fiducia.

Panini alla menta…

INGREDIENTI
per 20-25 panini

- 75 gr di biga (*vedi ricetta p. 178*)
- 250 gr di farina Manitoba
- 250 gr di farina 0
- 10 gr di sale
- 9 gr di olio EVO
- 3 gr di malto d'orzo
- 250 gr d'acqua
- 7 gr di lievito di birra
- 15 gr di menta fresca

TEMPO
130 MINUTI
DIFFICOLTÀ

PROCEDIMENTO

Sciogliete il lievito nell'acqua tiepida quindi miscelate tutti gli ingredienti, tenendo da parte le foglie di menta. Otterrete un impasto un po' duro ma è così che deve essere. Lavoratelo per almeno 10 minuti nella planetaria e il doppio a mano sino a ottenere un panetto omogeneo e liscio.

Lasciate lievitare per circa 30 minuti poi, senza impastare di nuovo, mi raccomando, formate dei panini.

Appoggiateli sulla leccarda e fateli lievitare per un'oretta dentro il forno con la luce accesa e una pentola di acqua calda per creare l'ambiente caldo-umido. Saranno raddoppiati di volume e sapremo così che sono pronti per la cottura, che sarà di 15 minuti circa a 210°C.

Ora aprite il forno ed emozionatevi.

Questi bocconcini hanno un aroma e una consistenza irresistibili, e non sono solo buoni e profumatissimi ma sono anche salutari, poiché le noci contengono Omega 3 utilissimi per il nostro organismo.
Sono ottimi in abbinamento sia ai piatti salati sia a quelli dolci, ideali da mangiare con la confettura o con le verdure, e adatti a ogni momento della giornata, anche solo per una gustosa merenda.

...e con noci e uvetta

INGREDIENTI
per 20-25 panini

- 400 gr di farina 0
- 100 gr di farina Manitoba
- 2 gr di malto
- 65 gr di biga (*vedi ricetta p. 178*)
- 10 gr di sale
- 5 gr di latte in polvere
- 15 gr di olio EVO
- 225 gr di acqua
- 10 gr di lievito di birra
- 70 gr di noci tritate
- 70 gr di uvetta sultanina

PROCEDIMENTO

Lavorate per una quindicina di minuti, meglio se con l'impastatrice, tutti gli ingredienti a eccezione di noci e uvette che vanno aggiunte solo dopo aver ottenuto un impasto omogeneo.

Coprite il panetto e lasciatelo lievitare in un luogo tiepido per 40 minuti; come al solito io utilizzo il forno con la sola luce accesa.

Trascorso questo tempo dividete l'impasto in pezzi da circa 50 gr e formate dei panini che farete lievitare per altri 60 minuti nel forno, sul fondo del quale avrete messo una teglia con acqua calda in modo tale da creare un ambiente caldo-umido.

Cuoceteli a 210°C per circa 20 minuti.

TEMPO
40 MINUTI
+ lievitazioni
DIFFICOLTÀ

Il pane senza impasto, traduzione dall'originale inglese *No-Knead Bread*, è sicuramente uno dei procedimenti più semplici per fare il pane in casa, pur garantendo un risultato finale di tutto rispetto, che nulla ha da invidiare a quello ottenuto da procedimenti molto più laboriosi e complicati.

Il pane senza impasto (e cotto in pentola)

INGREDIENTI per una pagnotta da 1 kg

- 500 gr di farina 0
- 6 gr di lievito di birra fresco
- 300 ml di acqua
- 10 gr di sale
- Un cucchiaino di miele o malto

TEMPO
45 MINUTI
+ 17 ore per la lievitazione
DIFFICOLTÀ

PROCEDIMENTO

In una ciotola capiente versate l'acqua, il miele e il lievito. Quando questo si sarà sciolto unite la farina e il sale.

Mescolate il tutto con una forchetta, uno o due minuti al massimo, finché la farina non sarà assorbita. Otterrete un impasto bruttino e molliccio, decisamente poco invitante ma abbiate fede. Chiudete il contenitore ermeticamente e lasciatelo in frigorifero per 12 ore.

Trascorso questo tempo lasciatelo acclimatare a temperatura ambiente per un paio d'ore, poi rovesciate il tutto su un piano di lavoro infarinato

Ora dovrete dare le pieghe a fazzoletto: si allarga l'impasto con le mani, come a formare un quadrato, e si riportano i 4 angoli verso il centro; la stessa procedura si ripete con gli altri 4 angoli che si verranno a formare, fino a ottenere una palla che metteremo a riposare avvolta in un canovaccio bene infarinato, con la chiusura delle pieghe rivolta verso il basso. Questo riposo deve durare 3 ore, sempre a temperatura ambiente o, ancora meglio, dentro al forno con la sola luce accesa.

Preriscaldate il forno a 250°C, con dentro una pentola di ceramica, vetro, alluminio, ghisa, o comunque che sia adatta alla cottura in forno. Non scaldate però il coperchio.

Allo scadere delle 3 ore, con il forno ormai caldo, rovesciate il pane dal canovaccio direttamente nella pentola calda, facendo in modo che il lato delle pieghe si ritrovi ora in alto. Mettete il coperchio alla pentola e richiudete il forno.

La cottura in pentola deve durare 30 minuti, trascorso questo tempo il pane può essere tolto e posto sulla normale griglia del forno per altri 15 minuti, abbassando la temperatura del forno a 180°C e azionando la ventola.

Sfornate e fate raffreddare su una griglia prima di affettarlo.

Provate a immaginare una giornata di fine novembre, uno di quei giorni grigi, dove fa buio presto e il freddo è talmente pungente da entrarti nelle ossa. Avresti solo voglia di rinchiuderti in casa e sorseggiare una tisana accanto alla stufa. Ma per chi fa l'allevatore non esistono alibi e pretesti: i vitelli vanno accuditi e le mucche munte. E poi accade che, all'improvviso, sulla soglia del capannone intravedi lei, la mamma, con in braccio una ciotola di gnocco fritto ancora fumante. Con pochi ingredienti, latte, farina e formaggio fresco, riesce a riempirti lo stomaco e a scaldarti il cuore. Non accade spesso, ma forse è proprio per questo motivo che un gesto così sembra speciale. Lei è una donna pragmatica, che preferisce esprimersi con gesti semplici e concreti, piuttosto che con giri di parole prive di contenuto. Non elargisce facili complimenti, ma quando vedo il suo sorriso e i suoi occhi verdi diventare lucidi, capisco quanto sia fiera di me e orgogliosa di ciò che ho fatto. Grazie a lei ho imparato che nella vita nessuno ti regala nulla, ma che occorre sudare e meritare tutto ciò che si ha; che non bisogna abbattersi di fronte alle difficoltà, perché abbiamo sempre la forza di rialzarci e risorgere più forti di prima. In una donna umile, semplice e apparentemente fragile si nasconde tutto questo e io sono fiera di essere sua figlia.

Lo gnocco fritto

INGREDIENTI

- 500 gr di farina 0
- Un uovo
- 120 gr di squacquerone
- 2 cucchiai di aceto
- Un cucchiaino di zucchero
- Una busta di lievito chimico per pizza
- 10 gr di sale
- 150 ml di latte circa
- 500 ml di olio di arachide

PROCEDIMENTO

Impastate tutti gli ingredienti lasciando per ultimo il sale. La quantità di latte dipende dalla capacità di assorbimento della farina che si utilizza. Risulterà un panetto liscio, e non troppo morbido. Lasciatelo riposare per mezz'oretta.

Stendetelo a uno spessore di 2 millimetri, tagliate dei quadretti e friggeteli in olio caldissimo.

Lo gnocco fritto è ottimo servito con salumi e formaggi freschi.

TEMPO
30 MINUTI
DIFFICOLTÀ

Ogni stagione ci propone frutti gustosissimi e in questo libro vi spiego come preparare confetture squisite che così avrete sempre a disposizione nella vostra dispensa.
E cosa c'è di meglio di una bella fetta biscottata per accompagnarle?!
Non è necessario fare fette biscottate ogni 2 giorni, chiuse in barattolo si conservano per settimane, quindi impastatele insieme, sarà divertente condividere questo momento con i vostri familiari. Per non parlare della soddisfazione di quando le mangerete, sarà un piccolo trucchetto per cominciare la giornata col sorriso!

Le fette biscottate

INGREDIENTI
per 50 fette

- 250 gr farina Manitoba
- 250 gr farina integrale (sostituibili con 250 gr di farina 0)
- 75 gr di zucchero
- 5 gr di sale
- 12 gr di lievito fresco
- 225 gr di acqua
- Un albume
- 4 cucchiai di olio di semi
- Un cucchiaino raso di malto d'orzo

Per la spennellatura finale

- Un tuorlo
- 3 cucchiai di latte

TEMPO
130 MINUTI
+ 50 per la biscottatura
DIFFICOLTÀ

PROCEDIMENTO

Sciogliete il lievito nell'acqua iniziando con 210 gr, aggiungete il resto al bisogno, unite il malto, poi lasciate riposare 4 o 5 minuti.

Impastate tutti gli ingredienti a eccezione del sale fino a ottenere un panetto morbido. Aggiungete il sale e proseguite per circa 20 minuti, l'impasto dovrà essere bello elastico.

Fatelo riposare circa 30 minuti a temperatura ambiente, avendo cura di coprire con pellicola. Suddividetelo in 2 pezzi, sgonfiatelo e dategli forma arrotondata. Fate riposare ancora 10-15 minuti, poi schiacciateli formando dei filoncini, avendo cura di sigillare bene alla fine della formatura e lasciando la parte sigillata sotto.

Poggiateli su carta forno, spennellateli con la miscela di tuorlo e latte e lasciate lievitare per circa 1 ora a una temperatura di 28°C circa. Io li metto nel forno con la sola luce accesa.

A lievitazione ultimata spennellate di nuovo e cuocete in forno a 190°C per circa 45 minuti; dopo 30 minuti, se la superficie è colorita bene, coprite con carta forno o alluminio e abbassate la temperatura a 180°C.

Lasciate asciugare i filoni su una gratella e fateli riposare per almeno 12 ore nel luogo più fresco della casa.

Tagliate i filoni a fette dello spessore di 8/10 mm, quindi passatele in forno a tostare a 140°C per circa 50 minuti, finché non saranno asciutte e dorate.

Fate raffreddare le fette tostate in forno semiaperto e, una volta fredde, chiudetele in sacchetti per alimenti o scatole di latta.

Provate a leggere bene le etichette per capire come è fatto ciò che stiamo per acquistare: in teoria sulle etichette alimentari non dovremmo più trovare la scritta «olio vegetale» ma in realtà non tutti i produttori si sono ancora adeguati alle nuove diciture. Se trovate scritto così dovete stare attenti perché il produttore probabilmente ha qualcosa da nascondere.
Come possiamo difenderci? Per il bene della nostra salute e di chi ci è caro lasciamo il più possibile i prodotti confezionati sugli scaffali e prepariamo pane, dolci e altri prodotti in casa, utilizzando il nostro tanto caro e benefico olio EVO, evitando oli di palma e grassi idrogenati. Provate questi semplicissimi crackers fatti in casa, chiusi in barattolo si conservano per mesi, mica dovete prepararli tutti i giorni!

I crackers

INGREDIENTI
per 80 crackers

- 500 gr di farina 0
- 8 gr di sale
- 6 gr di olio EVO
- 5 gr di zucchero
- 15 gr di lievito di birra fresco
- 200 gr di acqua circa

TEMPO
60 MINUTI
DIFFICOLTÀ

PROCEDIMENTO

Sciogliete il lievito in 50 gr di acqua zuccherata e lasciatelo attivare per 5 minuti.

Impastate tutti gli ingredienti, a mano o ancora meglio con la planetaria. Lavorate per 10 minuti fino a ottenere un impasto liscio e omogeneo. Coprite l'impasto con la pellicola e fatelo puntare per 20 minuti.

Stendete una sfoglia sottile, scegliete lo spessore in funzione del risultato che volete ottenere, a me piace tirarla molto più sottile di quella dei classici crackers che trovate in commercio.

Disponete la sfoglia sulle teglie, foratela coi rebbi di una forchetta e con la rotella tagliate dei quadretti della dimensione desiderata.

Lasciate riposare ancora 10 minuti. Spennellate con un filo d'olio, salate e infornate a 220°C per pochi minuti fino a doratura.

Il pane di segale è perfetto in abbinamento al salmone affumicato, accompagnato magari da burro all'aneto, oppure con l'aringa affumicata, o con lo speck.
A piacere, come vorrebbe la tradizione tirolese, lo si può aromatizzare con semi di finocchio e di cumino dei prati.

Pane di segale

INGREDIENTI
per 2 pagnotte

- 200 gr di farina Manitoba
- 100 gr di semola rimacinata di grano duro
- 220 gr di farina di segale
- 360 gr di acqua tiepida
- 10 gr di lievito di birra fresco
- 10 gr di sale
- Un cucchiaino di zucchero di canna
- Un cucchiaino di malto d'orzo

TEMPO
30 MINUTI
+ le lievitazioni
DIFFICOLTÀ

PROCEDIMENTO

Sciogliete il lievito e lo zucchero di canna nell'acqua tiepida, versatela nell'impastatrice e aggiungete il malto, le farine, e infine il sale. Lavorate il tutto per 15 minuti.

Trasferite l'impasto in una ciotola leggermente unta d'olio, coprite con pellicola e fatelo riposare per 60 minuti.

Girate l'impasto lievitato sulla spianatoia ben infarinata, allungatelo e piegatelo in 3 a portafoglio. Infarinatene la superficie e copritelo con un canovaccio pulito. Lasciatelo lievitare ancora 1 ora.

Dividete l'impasto a metà e formate 2 pagnottelle, infarinatene la superficie e create dei disegni concentrici con la punta di un coltello.

Mettete il pane sulla leccarda rivestita di carta forno e fate lievitare ancora 1 ora prima di infornare.

Cuocete il pane di segale in forno già caldo a 200°C per i primi 15 minuti, quindi a 180°C per altri 30.

Fate raffreddare il pane direttamente sulla griglia del forno spento con lo sportello socchiuso.

Questa ricetta l'ho presa dal mio blog preferito, *Anice&Cannella*. Io una più buona ancora non sono riuscita a farla. Grazie, Paola!

La focaccia con i fiocchi

INGREDIENTI

- 600 gr di farina 0
- 10 gr di lievito di birra fresco
- 20 gr di fiocchi di patate
- 30 gr di strutto
- 400-425 gr di latte
- 2 cucchiaini di sale
- Un cucchiaino di zucchero

TEMPO
30 MINUTI
+ le lievitazioni
DIFFICOLTÀ

PROCEDIMENTO

Sciogliete il lievito e lo zucchero in 50 gr di latte tiepido e lasciate riposare per 5 minuti.

Mescolate bene i fiocchi di patate in circa 250 gr di latte e aggiungete il tutto alla farina, poi il composto con il lievito e il restante latte; impastate a mano per circa 15 minuti, o nella planetaria per 10, fino a che l'impasto diventa morbido ma lavorabile, come il lobo dell'orecchio. Da ultimo vanno aggiunti lo strutto, poco alla volta, e il sale. L'impasto dovrà essere un po' colloso, ma soffice.

Lasciate lievitare un paio d'ore in una terrina grande, ricoperta con pellicola, che collocherete nel forno chiuso con la luce accesa.

Quando l'impasto sarà raddoppiato di volume, spolverate di farina la spianatoia e versatecelo sopra.

Infarinate bene le mani e fate le pieghe a portafoglio, poi mettete l'impasto con le pieghe rivolte verso il basso e copritelo con un panno ben lavato, bagnato e strizzato. Lasciate riposare dai 30 ai 45 minuti, a seconda della temperatura.

Senza assolutamente impastare di nuovo stendetelo su due teglie unte da 30 cm di diametro. Se oppone resistenza e non si lascia stendere, aspettate qualche minuto prima di continuare.

Preparate un'emulsione di acqua e olio in parti uguali, aggiungetele un po' di sale, sbattete bene con una forchetta e versatela piano sulla focaccia bucherellando con le dita per farla penetrare, prestando attenzione che non finisca sul fondo della teglia.

Lasciate riposare ancora per mezz'ora e infine infornate a 200°C fino a che sarà dorata.

Merende e merendine

E quando dal tuo pancino
sale piano un languorino
con uova, zucchero e farina
ecco pronta la merendina!
Ma se il tempo va di fretta
di una mela succosa mangiane una fetta.
E non dimenticare,
una regola devi imparare:
scegli sempre frutta di stagione
ogni mese ci offre cose buone!

Mai dimenticherò la prima volta che li ho fatti: la ricetta indica di preparare un lievitino con farina, acqua, lievito e miele e lasciarlo riposare 1 ora e mezzo. Io esco sempre tardi dal lavoro e a conti fatti i miei pangoccioli sarebbero stati pronti nel cuore della notte così, per accelerare i tempi, mi portai al lavoro dei piccoli contenitori con gli ingredienti pesati e all'orario calcolato, fra un paziente e l'altro, preparai il lievitino in modo tale che una volta rincasata il primo passaggio sarebbe già stato fatto! Il mio capo iniziò a temere per la mia salute mentale.

I pangoccioli

INGREDIENTI
per 12 pezzi

- 50 gr di farina 00
- 250 gr di farina Manitoba
- 10 gr di lievito di birra fresco
- Un cucchiaino di miele
- Due tuorli
- Un albume
- 80 gr di zucchero
- 10 gr di sale
- 50 gr burro
- 25 gr di strutto
- 75 gr di gocce di cioccolato (tenute in freezer)
- La scorza di ½ arancia grattugiata
- Un cucchiaino di estratto di vaniglia
- 150 gr di acqua
- 115 gr di latte intero
- Un tuorlo e poco latte per la spennellatura

TEMPO
30 MINUTI
+ 3 ore per le lievitazioni
DIFFICOLTÀ

PROCEDIMENTO

Preparate un lievitino mescolando l'acqua, il miele, il lievito e 150 gr di farina forte; dopo circa 90 minuti, quando sarà gonfio e inizierà a fare le prime fossette, procedete a impastare usando la foglia della planetaria.

Aggiungete metà del latte, subito dopo 20 gr di zucchero e tanta farina quanta ne servirà a ottenere un impasto morbido ma che rimanga unito. Proseguite unendo l'altra metà del latte, altri 20 gr di zucchero e farina quanto basta a incordare, cioè a ricompattare l'impasto.

Mettete ora un albume, 20 gr di zucchero, e di nuovo la farina necessaria a incordare. Continuate aggiungendo un tuorlo, la residua parte dello zucchero e farina quanto basta.

Poi ancora un tuorlo, sale e farina per incordare. Subito dopo unite la farina rimanente, e impastate fino a che sarà legato. Durante queste fasi la massa avrà bisogno di essere capovolta di tanto in tanto.

Aggiungete ora il burro morbido a pezzetti e la scorza d'arancia, quindi lo strutto a piccoli fiocchi, e infine la vaniglia. Montate il gancio e aggiungete le gocce fredde, poi impastate capovolgendo 4 o 5 volte a bassissima velocità, fino a quando queste saranno ben incorporate.

Arrotondate l'impasto e mettetelo a lievitare coperto per 1 ora. Poi ricavatene 12 pezzi da circa 85 gr l'uno e formate delle palline.

Mettetele a lievitare su una teglia coperta da carta forno, spennellatele con tuorlo e latte, e lasciatele riposare coperte da pellicola fino al raddoppio.

Spennellatele di nuovo, quindi infornate a 180°C fino a che i pangoccioli avranno preso un bel colore.

linus

Ho scelto questa ricetta perché è una simpatica idea da preparare insieme ai bambini invogliandoli ad approcciarsi al mondo della cucina allontanandoli dai giochi moderni e tecnologici. È possibile variare la crema sostituendo la pasta di pistacchi con pasta di nocciole oppure zabaione.
Fate attenzione a temperare bene il cioccolato, cioè mantenerlo in movimento con una spatola per far sì che scenda di temperatura senza consolidarsi altrimenti i palloncini scoppieranno!

Palloncini al cioccolato

INGREDIENTI

- 4 palloncini da gonfiare
- 250 gr di cioccolato fondente
- 250 gr di mascarpone
- 100 gr di zucchero a velo
- 50 gr di pasta di pistacchi
- 200 ml di panna montata
- Granella di pistacchi e mandorle

TEMPO
30 MINUTI
DIFFICOLTÀ

PROCEDIMENTO

Sciogliete il cioccolato a bagnomaria o nel microonde e temperatelo.

Gonfiate dei palloncini, la dimensione è soggettiva, più saranno gonfi e più le porzioni saranno abbondanti!

Intingetene la base nel cioccolato e lasciate che si rapprenda.

Ora occupatevi della crema amalgamando zucchero a velo e mascarpone, aggiungete la pasta di pistacchi e alleggerite tutto con la panna montata.

Forate i palloncini, mettete la crema in un sac à poche e riempite le coppette di cioccolato.

Guarnite con granelle a piacere.

Per una buona riuscita di questi deliziosi biscotti bicolori è importante che tutti gli ingredienti siano a temperatura ambiente. Se avete anche voi dei bambini in casa provate a realizzare questa divertente ricetta insieme.

Gli abbracci

INGREDIENTI

- 300 gr di farina 00
- 100 gr di burro morbido
- 4 cucchiai di panna fresca
- 2 tuorli d'uovo
- 2 cucchiai di cacao amaro in polvere
- Una presa di sale fino
- 70 gr di zucchero di canna

TEMPO
30 MINUTI
+ 30 di riposo
DIFFICOLTÀ

PROCEDIMENTO

Mettete il burro morbido e lo zucchero in una terrina e sbatteteli bene fino a ottenere un composto dal colore chiaro e dalla consistenza spumosa.

Incorporate i tuorli, uno alla volta girando delicatamente. Aggiungete poi la panna e mescolate fino al completo assorbimento di quest'ultima.

Aggiungete il sale alla farina e dividetela in due metà in altrettante terrine. In una aggiungete il cacao amaro e amalgamatelo.

Riprendete il composto preparato in precedenza con zucchero, uova e panna e versatelo, metà in una e metà nell'altra, nelle due terrine contenenti la farina bianca e la farina al cacao.

Impastate bene ricavando due panetti di pasta per biscotti, uno neutro e uno al cacao; se quello neutro dovesse risultare troppo morbido rispetto all'altro aggiungetegli un cucchiaio di farina. Avvolgeteli nella pellicola e fateli riposare in frigorifero per 30 minuti.

Formate dei salsicciotti del diametro di circa 1 cm, non più lunghi di 6 cm, unite poi quello al cacao con quello «neutro» a una estremità; poi adagiatelo su una spianatoia infarinata e formare un cerchio unendo le altre due estremità, avrete il vostro primo abbraccio.

Ripetete l'operazione fino a esaurimento dell'impasto, quindi disponete i biscotti su una teglia coperta con carta forno e cuoceteli in forno caldo a 180°C per circa 25 minuti o comunque finché la parte bianca non risulti dorata.

Una volta raffreddati potrete conservarli in contenitori ermetici o in scatole di latta per qualche settimana.

Una merendina che arriva dritta dalla mia infanzia, a scuola, allora la mangiavano tutti. Ma non c'è paragone, quella che potete preparare a casa è deliziosa, con un involucro sofficissimo che cela la crema succulenta.

Gli yo-yo

INGREDIENTI

- 5 albumi
- 125 gr di zucchero a velo
- 125 gr di burro fuso
- 125 gr di farina
- Un pizzico di sale
- 2 cucchiaini di lievito chimico in polvere
- Crema al gianduia per farcire

TEMPO
40 MINUTI
DIFFICOLTÀ

PROCEDIMENTO

Montate gli albumi con lo zucchero a velo e il sale fino a ottenere una meringa compatta, aggiungete molto delicatamente il burro e la farina setacciata col lievito facendo attenzione a non smontare l'impasto. Amalgamate il minimo indispensabile, fino a ottenere un composto omogeneo.

Usando il sac à poche fate dei mucchietti del diametro di 5-6 cm su un foglio di carta forno e cuoceteli a 180°C per 15 minuti.

Una volta raffreddati, farciteli con la crema al gianduia e chiudeteli a due a due come fossero panini.

Decorateli con righe di cioccolato fondente.

Quando è tempo di mele e le vedo accatastate sui banchi del mercato, montagnole sgangherate di una miriade di colori, dimensioni, varietà, subito lo stomaco brontola e riesco solo a pensare quanti e quali piatti fragranti e squisiti potrei ricavarne.

Cuor di mela

INGREDIENTI

Una dose di pasta frolla (*vedi ricetta p. 174*)

Per il ripieno

- 2 mele
- 20 gr di burro
- Un cucchiaio di miele
- Uvetta a piacere
- ½ cucchiaino di cannella
- Una stecca di vaniglia

TEMPO
50 MINUTI
DIFFICOLTÀ

PROCEDIMENTO

Preparate un panetto di frolla, avvolgetelo con la pellicola e mettetelo in frigo a riposare per circa 30 minuti.

Sbucciate le mele, privatele del torsolo e tagliatele a cubetti molto piccoli; cuocetele in un pentolino antiaderente insieme a burro, miele, cannella, uvetta e ai semini della vaniglia, ottenuti incidendo la stecca nel senso della lunghezza con un coltello affilato e poi raschiandone l'interno.

Lasciate cuocere per circa 20 minuti, o finché le mele non si saranno ammorbidite, poi fate raffreddare.

Riprendete l'impasto e stendetelo su una superficie infarinata fino a uno spessore di circa 2 mm. Tagliate dei dischi di frolla di 6 cm circa e mettete loro al centro un cucchiaino di ripieno di mele.

Ricopriteli con un secondo disco di pasta e premete i bordi per sigillare.

Mettete i biscotti su una teglia rivestita di carta forno, poi cuoceteli in modalità ventilata a 180°C per circa 12-15 minuti o finché non risulteranno leggermente dorati.

Sfornateli e lasciateli intiepidire prima di mangiarli.

Golose ma leggere, le barrette ai cereali non solo sono una merenda genuina, ma anche la soluzione perfetta contro la fame improvvisa a scuola e in ufficio.

La barretta ai cereali

INGREDIENTI

- 150 gr di cioccolato al latte
- 150 gr di cioccolato bianco
- 40 gr di zucchero di canna
- 60 gr di riso soffiato

TEMPO
30 MINUTI
DIFFICOLTÀ

PROCEDIMENTO

Fate sciogliere il cioccolato bianco a bagnomaria o nel microonde.

Caramellate il riso soffiato con lo zucchero di canna in una padella antiaderente, continuando a mescolare fino a che il riso non sarà pralinato e croccante ma con i chicchi ben separati.

Amalgamatelo con il cioccolato bianco e stendete il composto ottenuto su un foglio di carta forno, compattandolo a uno spessore di circa 6-7 mm, cui cercherete di conferire una forma più regolare possibile.

Fate sciogliere il cioccolato al latte.

Una volta che il cioccolato bianco si sarà raffreddato completamente, aiutandovi con un tagliere, ribaltatelo in modo che la parte liscia sia rivolta verso l'alto. Versateci sopra il cioccolato al latte fuso e distribuitelo uniformemente con una spatola.

Lasciate raffreddare poi tagliatelo in barrette.

Soffici, morbide e dal sapore inconfondibile, queste tortine alla carota sono un dolce sano, gustoso e adatto ai più piccoli. Facili e veloci da preparare, sono l'ideale per la colazione e la merenda.

Le camille

INGREDIENTI

- 130 gr di carote
- 140 gr di farina
- 50 gr di farina di mandorle
- 120 gr di zucchero
- Un uovo
- La scorza grattugiata di un'arancia
- 50 ml di latte
- 50 ml di olio di semi
- 8 gr di lievito per dolci
- Un pizzico di sale

PROCEDIMENTO

Grattugiate finemente le carote e mettetele da parte.

Sbattete molto bene con una frusta le uova e lo zucchero, cui avrete aggiunto un pizzico di sale, fino a ottenere un composto chiaro e spumoso, aggiungete poi l'olio, il latte e la scorza d'arancia e per ultima la farina setacciata con il lievito.

Versate il composto negli stampini per muffin e cuocete in forno statico a 180°C per circa 20 minuti, o comunque fino a quando i tortini saranno leggermente dorati in superficie.

TEMPO
30 MINUTI
DIFFICOLTÀ

Questi biscottini ruvidi e fragranti, chiusi in barattoli di vetro si conservano per settimane, ma non posso confermarvelo con certezza. A casa mia finiscono sempre prima!

I ritornelli

INGREDIENTI

Impasto chiaro

- 250 gr di farina
- 90 gr di burro
- 100 gr di zucchero
- 20 gr di amaretti
- 10 gr di mandorle pelate e tritate
- Un uovo
- Un cucchiaio di miele
- ½ bustina di lievito

Impasto scuro

- 250 gr di farina
- 100 gr di burro
- 130 gr di zucchero
- 30 gr di cacao
- 25 gr di amaretti
- 40 ml di latte fresco
- Un uovo
- ½ bustina di lievito

PROCEDIMENTO

Preparate i due impasti separatamente.

Per quello chiaro montate il burro con lo zucchero fino a ottenere un composto morbido e spumoso. Aggiungete l'uovo, gli amaretti e le mandorle tritate, il miele e poco alla volta la farina con il lievito. Lavorate bene finché non sarà del tutto omogeneo.

Per l'impasto scuro montate il burro con lo zucchero fino a ottenere un composto spumoso. Aggiungete l'uovo, gli amaretti tritati, il latte, il cacao in polvere e per ultima la farina setacciata con il lievito.

Lasciate riposare gli impasti in frigorifero per circa 30 minuti.

Create dei piccoli filoncini di pasta e tagliateli a pezzetti di 1 cm circa.

Su una teglia rivestita di carta forno formate i biscotti alternando quadratini di diverso colore, schiacciandoli leggermente fra loro per farli attaccare. Basteranno due quadratini di impasto chiaro e due di impasto scuro.

Con i rebbi di una forchetta rigatene leggermente la superficie, quindi infornateli a 180°C per 10 minuti.

TEMPO
20 MINUTI
DIFFICOLTÀ

Una merenda perfetta per l'estate, fresca e golosa, una nuvoletta di bontà che si scioglie in bocca. Avete in mente una cosa buona? Ricordate male, è buonissima!

Le fette con il latte

INGREDIENTI

Per la pasta biscuit

- 40 gr di farina 00
- 30 gr di cacao amaro
- 4 uova
- 85 gr di zucchero
- 2 cucchiai di miele
- Un cucchiaino di estratto di vaniglia
- Un cucchiaino di lievito per dolci

Per la crema al latte

- 250 ml di panna per dolci
- 150 gr di latte condensato
- Un cucchiaio di miele
- 3 fogli di colla di pesce
- Un cucchiaino di estratto di vaniglia

TEMPO
70 MINUTI
DIFFICOLTÀ

PROCEDIMENTO

Per preparare la pasta biscuit al cacao riunite in una ciotola lo zucchero e i tuorli e lavorate con cura sino ad avere un composto gonfio e spumoso. Montate gli albumi a neve ben ferma e incorporateli mescolando dal basso verso l'alto per non smontarli.

Aggiungete la farina, il cacao, l'estratto di vaniglia e il lievito e mescolate delicatamente incorporandoli all'impasto.

Versatelo in uno stampo in silicone e mettete in forno preriscaldato a 180°C per 10 minuti. Lasciate raffreddare completamente.

Per preparare la crema al latte fate ammorbidire la colla di pesce in acqua fredda per 10 minuti, quindi strizzatela e scioglietela in un pentolino dove avrete riscaldato qualche cucchiaio di panna.

Unite il latte condensato con l'estratto di vaniglia e il miele, quindi il composto a base di colla di pesce, la panna montata e mescolate delicatamente per non smontarla.

Coprite la crema al latte con della pellicola trasparente e riponetela in frigorifero o nell'abbattitore. Quando la pasta biscuit e la crema saranno ben fredde, potete procedere all'assemblaggio delle merendine.

Staccate delicatamente il biscuit dal foglio di carta forno e tagliatelo a metà. Ammorbidite un po' la crema al latte lavorandola con una spatola e spalmatela sul primo strato.

Coprite con il secondo strato di biscuit e avvolgete tutto con pellicola per alimenti, riponete in frigorifero e fate raffreddare un'altra ora.

Trascorso questo tempo rimuovete la pellicola e tagliate il biscuit farcito per ottenere delle merendine, ne verranno 7-8. Conservatele in frigorifero per qualche giorno al massimo.

Il plumcake è l'antidepressivo perfetto per chi come me è nato negli anni Ottanta. È la nostra madeleine proustiana, il nostro modo di tenerci attaccati alla gioventù in dissolvenza.
Va trattato con amore e con perizia, sia nella modalità di morso che nelle tecniche di inzuppo perché, per dirla con le parole di Zerocalcare "come accanni i plumcake, crolla tutto. È un attimo."

Il plumcake

INGREDIENTI

- Un vasetto di yogurt intero
- 2 uova
- 125 gr di zucchero
- 165 gr di di farina
- Una bustina di lievito per dolci
- 45 gr di olio di semi
- La scorza grattugiata di un limone

PROCEDIMENTO

Montate i tuorli con lo zucchero, aggiungete lo yogurt, poi la farina setacciata con il lievito. Mescolate bene poi unite l'olio e infine gli albumi montati a neve.

Versate il composto in pirottini monodose e cuoceteli a 180°C per 15-20 minuti, verificatene la cottura con uno stuzzicadenti.

TEMPO
20 MINUTI
DIFFICOLTÀ

Pomodori secchi
Limoni
Peperoncini

Le conserve

Ogni stagione porta le sue suggestioni gastronomiche, che si sommano agli ingredienti che, classici e immancabili, teniamo in dispensa per tutto l'anno. Ad esempio io trovo che sia meraviglioso racchiudere in un barattolo tutto il gusto della frutta o della verdura fresca, forse perché è un gesto legato alle persone che amo e ho amato, la mamma, la nonna o qualche zia, e ai ricordi del tempo che insieme abbiamo dedicato alla preparazione di vasetti o salse. E così è il desiderio di riempire la mia metaforica credenza (questo libro) con la stessa attenzione e amore con cui ci dedicavamo alle nostre conserve.

Il calendario per conservare segue un ritmo naturale: l'inverno è un periodo di stasi, gli ingredienti sarebbero insipidi e carissimi. Potrete sfruttarlo per le marmellate di agrumi, fare ordine in dispensa e pensare nuove ricette per la bella stagione. La primavera porta con sé teneri germogli e verdure fragranti e in un baleno è estate e tutto accelera, la frutta matura in un attimo e i mercati traboccano di profumi e sapori di ogni tipo. Sarà il momento migliore per dedicarsi alla preparazione di squisite confetture e conserve. Alla fine dell'estate e per tutto l'autunno la cucina sarà invasa da aromi deliziosi, dolcissimi e inebrianti, di frutta, spezie ed erbe.
Prestare attenzione a questo ciclo aiuta anche a rivitalizzare i nostri sensi attutiti, e per chi vive in città può essere un modo ulteriore per avvicinarsi alla natura. La conservazione dei cibi ha senso sia economicamente, poiché permette di utilizzare una gran quantità di frutta e verdura, sia perché consente di esaltare il sapore di alcuni alimenti e creare una scorta di salse, contorni e condimenti pronti alla bisogna.

Tecniche base

STERILIZZAZIONE

È di fondamentale importanza preparare le conserve con buon senso, precisione e diligenza nel rispettare i tempi, le temperature e le norme igieniche, tutti fattori essenziali per prevenire il deterioramento dei cibi.

Le superfici di lavoro e gli attrezzi devono sempre essere puliti, i vasi e le bottiglie sterilizzati; controllateli con regolarità e scartate quelli che mostrano segni di contaminazione, quelli che fanno cattivo odore e che hanno alterazioni nel colore o coperchi gonfi.

Per sterilizzare i vasi e/o le bottiglie disponeteli in un pentolone, copriteli con acqua bollente e lasciateli sobbollire per una decina di minuti almeno. Estraeteli e fateli asciugare capovolti su uno strofinaccio pulito. Fate bollire qualche istante anche i coperchi e i tappi.

In alternativa potete collocare i vasi in forno preriscaldato a 160°C per 10 minuti.

COTTURA

Le conserve a basso contenuto acido, o con scarso contenuto di zucchero e sale, possono facilmente deteriorarsi.

Se volete conservarle più a lungo è necessario sottoporle a cottura, producendo un ambiente in cui i batteri non possono sopravvivere. È molto semplice: una volta che la vostra conserva sarà pronta, la verserete all'interno di vasi con tappo a morsetto o meglio ancora nei classici barattoli con tappo a vite. Sigillateli e immergeteli in acqua, che poi porterete a bollore; per un vaso da un litro ci vorranno 30 minuti, 25 per uno da mezzo. Nel raffreddarsi, il contenuto si restringe creando il vuoto. Ora potrete conservarli in un luogo buio, asciutto e fresco anche per un paio d'anni.

Se qualche vaso non risultasse sigillato sottovuoto mettete il prodotto in frigo e consumatelo entro 5-6 giorni.

È molto importante la scelta dei pomodori: devono essere belli, maturi e sodi ma soprattutto avere un irresistibile profumo di sole.

Pomodori secchi sott'olio

INGREDIENTI

- 4 cucchiai di sale
- 2 cucchiai di zucchero
- Olio EVO
- 2 kg di pomodori lunghi tipo San Marzano

TEMPO
20 MINUTI
+ l'essiccazione
DIFFICOLTÀ

PROCEDIMENTO

Lavate e tagliate i pomodori a metà nel senso della lunghezza. Sistemateli su una leccarda ricoperta da carta forno e cospargeteli con il sale e lo zucchero. Una leccarda contiene indicativamente un kg di pomodori. Lasciateli essiccare nel forno ventilato a 120°C per 8-10 ore.

I pomodori più piccoli si seccheranno prima degli altri quindi trascorse 6 ore iniziate a controllarli e togliere quelli che si saranno asciugati prima, dovranno essere secchi ma ancora flessibili. Lasciateli raffreddare su una gratella.

Invasate i pomodori in vasetti sterilizzati sistemandoli a strati, aggiungendo l'olio poco alla volta e pressandoli piano. A gusto personale si possono aggiungere aromi come aglio, origano, semi di finocchio, capperi o peperoncino. Proseguite con gli strati fino a un cm dal bordo, quindi ricopriteli completamente d'olio. Aiutandovi con un cucchiaio di legno premete per eliminare eventuali bolle d'aria, poi sigillate e sottoponete a cottura.

Conservate in un luogo fresco e al riparo dalla luce.

Saranno pronti dopo un paio di giorni, ma migliorano con il tempo.

Aprire un vasetto di questa confettura in un freddo giorno d'inverno e gustarla accompagnato da un arrosto di maiale o da un buon formaggio stagionato mi fa sempre pensare che mesi prima era valsa la pena perdere ore per farla... alla fine lo penso ogni volta che uso una conserva. Allo stesso modo faccio il pensiero inverso ogni volta che le preparo: chissà come sarò orgogliosa di farle assaggiare ai miei ospiti quest'inverno ...

Confettura di cipolle di Tropea

INGREDIENTI

- Un kg di cipolle di Tropea
- 2 cucchiai di uva sultanina
- 2-3 chiodi di garofano
- Una stecca di cannella
- 2 foglie di alloro
- Un bicchierino di brandy
- Un bicchiere di vino bianco
- 300 gr di zucchero semolato
- 300 gr di zucchero di canna

PROCEDIMENTO

Sbucciate le cipolle e affettatele finemente con una mandolina.

Mettetele in un contenitore capiente e aggiungete tutti gli altri ingredienti, mescolate bene e lasciate macerare per circa 6 ore, ancora meglio se per una notte intera.

Trascorso questo tempo togliete la stecca di cannella e rovesciate il tutto in una pentola, portate a bollore mantenendo il fuoco basso e continuate la cottura per altri 25-30 minuti.

Versate la confettura ancora bollente in vasetti sterilizzati, chiudeteli e lasciateli raffreddare capovolti.

La conserva è pronta subito, ma migliora con il tempo.

TEMPO
50 MINUTI
DIFFICOLTÀ

L'olio non solo funge da isolante, ma dona una nota delicata alle conserve; usate quindi sempre il migliore che abbiate a disposizione. Se l'EVO risultasse troppo forte per i vostri gusti potete sperimentare varie miscele d'olio, aggiungendone di più leggeri, fino a ottenere l'equilibrio di sapori che più vi garba.

Cipolle e zucchine sott'olio

INGREDIENTI

- Un kg di cipolle rosse di Tropea
- Un kg di zucchine
- 1,5 lt di aceto di vino bianco
- 1,5 lt di vino bianco
- 100 gr di zucchero
- 100 gr di sale
- 2 spicchi di aglio
- 50 gr di capperi dissalati
- Origano
- Peperoncino
- Pepe
- Olio EVO

TEMPO
40 MINUTI
DIFFICOLTÀ

PROCEDIMENTO

Pelate le cipolle e affettatele con la mandolina per ottenere un taglio più preciso e uno spessore più uniforme.

Pulite le zucchine e affettatele prima con la mandolina poi con il coltello, dando loro la forma di un fiammifero.

In una pentola capiente portate a bollore l'aceto e il vino con lo zucchero e il sale, versateci le cipolle, l'aglio a fettine e attendete che raggiunga di nuovo il bollore; ora aggiungete le zucchine, mescolate, aspettate qualche secondo e spegnete il fuoco.

Scolate immediatamente e stendete le verdure su un canovaccio in modo tale che assorba il liquido residuo.

Condite con capperi, origano, pepe e peperoncino; potete anche sperimentare varianti con altri aromi secondo il vostro gusto.

Ora mettete le verdure nei vasetti sterilizzati, senza premerle e rabboccate con olio fino a un cm dal bordo. Chiudete bene i coperchi, quindi sigillate e sottoponete a cottura.

La conserva è pronta dopo 3-4 settimane.

Adoro questa conserva. D'estate, quando abbondano i peperoncini freschi, la preparo in quantità e per tutto l'anno mi piace servirla accanto a dei formaggi stagionati, in abbinamento ai quali sprigiona tutte le sue sfumature, dal dolce al piccante.

Confettura di peperoncini piccanti

INGREDIENTI

- Un kg di peperoncini piccanti (al netto degli scarti)
- Un lt di acqua
- Un kg di zucchero

TEMPO
40 MINUTI
DIFFICOLTÀ

PROCEDIMENTO

Pulite accuratamente i peperoncini, eliminando il picciolo e i semi. Per fare questa operazione indossate sempre un paio di guanti di gomma altrimenti il giorno dopo non riuscireste a piegare le dita tanto sarebbero infiammate. Figuriamoci mettere e togliere le lenti a contatto…

Versate in una pentola l'acqua, aggiungete lo zucchero e i peperoncini e portate a ebollizione. Ora frullate con il mixer a immersione fino a ottenere una salsa fluida.

Lasciate sobbollire per almeno 3 ore, quindi fate la prova del piattino per verificare che il composto abbia raggiunto la stabilità (fatelo raffreddare qualche minuto, se si increspa passandoci un dito ha raggiunto il punto di stabilità).

Riempite dei piccoli barattoli sterilizzati e capovolgeteli fino al raffreddamento.

Qualsiasi combinazione di verdura (ma anche di frutta) può essere conservata in questo modo; il suo aroma forte e deciso (che potete stemperare aggiungendo qualche seme di senape all'aceto) ravviva anche il pasto più semplice e i vasetti colorati rallegrano i ripiani della dispensa anche nelle giornate più buie.

Giardiniera

INGREDIENTI

- Un kg di verdure: carote, cipollotto, peperoni, cetrioli, fagiolini, cavolfiore
- 500 ml di aceto di vino bianco
- 500 ml di vino bianco
- 110 gr di zucchero
- 50 gr di sale grosso
- 100 ml di olio di semi

PROCEDIMENTO

Lavate accuratamente le verdure e tagliatele a tocchetti abbastanza grandi.

In una pentola portate a ebollizione aceto, vino, olio, zucchero e sale. Versate le verdure e lasciatele cuocere per 8 minuti dalla ripresa del bollore.

Mettetele nei vasetti sterilizzati con il liquido di cottura. Capovolgete e lasciate raffreddare.

La conserva è pronta dopo 2 settimane, ma migliora con il tempo.

TEMPO
40 MINUTI
DIFFICOLTÀ

giardiniera

Questa pianta dai fiori meravigliosi e dalle bacche scure e succose è diffusissima in tutta Italia e si può utilizzare per tante preparazioni diverse.
Guardatevi attorno con attenzione e scoprirete che se avete dell'acqua vicino ne sarete circondati. I fiori sono davvero belli: grosse infiorescenze circolari composte di tanti piccoli fiorellini bianchi profumatissimi.

Sciroppo di sambuco

INGREDIENTI

- 2 lt di acqua
- 2 kg di zucchero
- Un bicchiere di aceto di mele
- 20 fiori di sambuco
- 6 limoni

TEMPO
40 MINUTI
DIFFICOLTÀ

PROCEDIMENTO

Raccogliete i fiori di sambuco in un luogo per quanto possibile lontano da strade trafficate. Lavateli spruzzandoli con un po' di acqua e poi scuotendoli delicatamente per togliere quella in eccesso.

Fate bollire l'acqua e appena raffreddata aggiungete l'aceto, i limoni tagliati a rondelle e i fiori di sambuco.

Lasciateli in infusione per 3 giorni mescolando ogni tanto.

Trascorso questo tempo, filtrate il tutto spremendo con cura gli ingredienti. Ma non buttateli, serviranno per ottenere un'ottima marmellata! (*vedi ricetta p. 244*)

Aggiungete lo zucchero, mescolate bene e portate a ebollizione. Se si vuole ottenere uno sciroppo molto liquido imbottigliate subito, se invece lo si vuole più denso lasciatelo bollire per una decina minuti.

Versatelo nelle bottigliette sterilizzate, sigillatele, capovolgetele e lasciatele raffreddare.

Lo sciroppo è pronto subito, ma migliora con il tempo.

Le castagne intere, conservate nello sciroppo speziato al cognac, da sole possono costituire un ottimo dessert per il Natale, magari servite con panna montata. Aggiungono colore, sapore e consistenza alle torte e il loro profumatissimo sciroppo è perfetto per accompagnare budini e altri dolci al cucchiaio.

Castagne allo sciroppo

INGREDIENTI

- 2 kg di castagne
- 750 ml di acqua
- 750 ml di zucchero
- La scorza di un limone
- La scorza di un'arancia
- 250 ml di cognac
- 250 ml di alcol puro
- 10 chiodi di garofano
- Una stecca di cannella

TEMPO
80 MINUTI
DIFFICOLTÀ

PROCEDIMENTO

Incidete le castagne con un coltello, praticando un taglio di circa 2 cm e infornatele a 200°C per circa 25 minuti, fino a quando saranno bruciacchiate, croccanti all'esterno e tenere all'interno. Sgusciatele e mettetele da parte.

Fate bollire l'acqua con lo zucchero fino a ottenere un composto trasparente, aggiungete le scorze di limone e arancia a fettine (evitando con cura la parte bianca che è amara), la cannella, i chiodi di garofano. Una volta che l'infuso sarà freddo unite il cognac e l'alcol.

Mettete le castagne nei vasetti, copritele con lo sciroppo e chiudete bene i coperchi, quindi sigillate e sottoponete a cottura.

La conserva è pronta dopo un mese, ma migliora con il tempo.

Questa confettura è insolita, difficile da trovare… come le mele cotogne del resto, forse per questo è una delle mie preferite.
Se la si lascia bollire più a lungo si otterrà un impasto consistente che andrà versato su un foglio di carta forno e, una volta solidificato, tagliato a cubetti e passato nello zucchero semolato. Avremo così delle graziose e insolite caramelle gelée.

Confettura di mele cotogne

INGREDIENTI

- 2 kg di mele cotogne mondate e private del torsolo
- Il succo di 2 limoni
- 2 kg di zucchero
- 300 ml di acqua

TEMPO
60 MINUTI
DIFFICOLTÀ

PROCEDIMENTO

Lavate bene la frutta avendo cura di rimuovere la peluria, oltremodo fastidiosa della buccia, tagliate le mele in 4 e togliete il torsolo (dovrete avere 2 kg di prodotto pulito).

Mettete i pezzi di frutta in una pentola, aggiungete acqua fino a coprire e lasciate cuocere finché non si ammorbidiranno. Scolate bene e frullate fino a ottenere una crema.

In una pentola preparate uno sciroppo con 2 kg di zucchero e 300 ml di acqua, una volta che lo zucchero si sarà sciolto completamente unite il succo di 2 limoni e la purea di frutta. Portate a ebollizione e fate cuocere per 13-15 minuti.

Versate subito in vasetti sterilizzati, sigillateli e capovolgeteli.

La conserva è pronta subito, ma migliora con il tempo.

mele
cotogne

Per preparare questa confettura deliziosa potete usare qualsiasi tipo di prugne. Sceglietele in base al vostro gusto personale; a seconda della varietà la polpa può risultare più o meno morbida e succosa e il sapore più o meno acidulo. Ma se vi capitassero per le mani delle *Grossa di Felisio* sappiate che non potreste trovare nulla di più buono.

Confettura di prugne, vino, spezie

INGREDIENTI

- 3,5 kg di polpa di prugne
- 1,4 kg di zucchero di canna
- 500 ml di vino rosso
- 2 stecche di cannella
- 2 chiodi di garofano
- Una macinata di pepe
- Un pezzetto di zenzero fresco
- La scorza grattugiata di un'arancia

TEMPO
100 MINUTI
DIFFICOLTÀ

PROCEDIMENTO

Lavate, denocciolate e tagliate a pezzi le prugne, verificandone poi il peso.

Mettetele in una pentola capiente dal fondo spesso e aggiungete tutti gli altri ingredienti a eccezione del vino. Mescolate e lasciate macerare per 2 ore.

Accendete il fuoco e portate il composto a bollore, poi abbassate la fiamma e fate sobbollire per 30 minuti mescolando di tanto in tanto. Ora aggiungete il vino e lasciate cuocere per un'ora e un quarto circa.

Trascorso questo tempo controllate la densità della confettura versandone un cucchiaio su un piattino; fatela raffreddare qualche minuto, se si increspa passandoci un dito ha raggiunto il punto di stabilità.

Togliete dal composto la stecca di cannella e versatelo nei vasetti sterilizzati, riempiendoli fino a un cm dal bordo. Chiudeteli e capovolgeteli fino al raffreddamento.

Prugne
vino
spezie

Dal piccolo e dolce mandarino cinese fino al grande cedro calabrese, gli agrumi sono molto versatili e si prestano benissimo a essere utilizzati per conserve e marmellate. Possono anche essere canditi, essiccati, conservati sotto spirito, oppure essere la base per squisiti liquori casalinghi.

Marmellata di limoni

INGREDIENTI

- Un kg di zucchero
- Un kg di limoni e fiori di sambuco (quelli ottenuti dopo aver fatto lo sciroppo di sambuco, *vedi ricetta p. 238*)

TEMPO
50 MINUTI
DIFFICOLTÀ

PROCEDIMENTO

Tagliate a tocchetti le rondelle di limoni scartando eventuali semi.

Pulite i fiori di sambuco eliminando il più possibile gli steli.

In una pentola dal fondo spesso mettete i limoni, i fiori, lo zucchero e un bicchiere di acqua, portate a ebollizione e lasciate cuocere per circa 30 minuti, tenendo conto che a differenza di altre marmellate quella di limoni si addensa molto raffreddando; questo grazie all'elevato contenuto di pectina, perciò quando spegnete il fuoco la marmellata dovrà essere ancora bella liquida.

Se la doveste far addensare troppo in cottura, una volta raffreddata sarebbe un blocco di marmo dallo splendido color limone, ma assolutamente inutilizzabile… perciò, attenzione!

Riempite i barattoli sterilizzati e capovolgeteli fino al raffreddamento.

Limoni

Glossario

BIGA

Una coltura lievitata conservata da un impasto precedente, utilizzata in sostituzione di una parte di impasto da lievito fresco.

BRUNOISE

È un metodo per tagliare le verdure, caratterizzato da dadini molto piccoli (2-3 mm per lato). Per estensione viene utilizzato per altri ingredienti così tagliati e pronti per l'uso.

CHINOIS O CINESE

È un colino di forma conica. Ha una doppia maglia metallica, finissima all'interno e meno all'esterno, e viene impiegato per rendere più fini e vellutate le salse.

COCCO RAPÈ

Cocco disidratato grattugiato, ottenuto dalla polpa fresca, essiccata a bassa temperatura e poi ridotta in scaglie. Comodo e versatile, ricco di fibre e privo di glutine, può essere utilizzato per decorare o aggiunto agli impasti dei dolci, funge da originale panatura, ma è ideale anche per ottenere un buon latte di cocco fatto in casa.

CONCASSÉ

Termine della cucina classica francese, indica una tecnica di preparazione tipica del pomodoro. Andrà inciso a croce, sbianchito, quindi raffreddato in acqua e ghiaccio per poterlo così sbucciare con facilità. Verrà tagliato in 4 parti e poi a strisce sottili di circa 4-5 mm, da cui ricavare dei cubetti dello stesso spessore.

FONDO BRUNO

Preparazione dell'alta cucina classica, dove ritagli di carne bovina vengono cotti a lungo con soffritto, pomodori e bouquet guarnito. Una volta filtrato viene utilizzato come base per le salse o per arricchire un condimento.

GIRO

È utilizzato in pasticceria per indicare la preparazione tipica della pasta sfoglia. Il panetto di burro viene adagiato sull'impasto, con cui si andrà a ricoprirlo. Si passa poi il matterello in un unico senso, poi si ripiega la pasta in 3 parti e la si gira di 90°, per quello che è chiamato giro semplice. Per il giro doppio si ripete la procedura, e si gira di altri 90°.

INCORDATURA

In panificazione indica la creazione della maglia glutinica che consente all'impasto di trattenere al suo interno i liquidi; la si ha nel momento in cui la massa si stacca dalle pareti della vasca della planetaria e diventa una panetto compatto.

JULIENNE

Questo taglio deve avere una sezione di 2-3 mm e una lunghezza di 6-7 cm, e deve essere eseguito nel verso della fibra dell'ortaggio. Le verdure tagliate in questa maniera sono molto eleganti, ma richiedono cotture brevissime.

MALTO

Si ottiene dalla germinazione dell'orzo e di altri cereali, ed è molto utilizzato in panificazione. Aiuta la conversione degli amidi della farina in zucchero, migliorando la lievitazione e conferendo un sapore gradevole e caratteristico.

Vorrei lasciarvi senza punti interrogativi. Senza domande in sospeso. Ho pensato quindi di riunire in questo ultimo capitoletto una serie di termini che ho utilizzato nel libro e che per me oggi sono di uso corrente, ma che forse non per tutti sono così ovvi.
E se penso all'Erica prima di *MasterChef*, allora mi rendo conto che una spiegazione in più magari vi farà salvare il grembiule durante un *Pressure test* in una delle prossime edizioni.

MARMELLATA

Il termine indica esclusivamente una preparazione semisolida dolce a base di zucchero e agrumi, cotta a lungo. Per tutte le altre tipologie di frutta si deve usare il termine confettura oppure composta, in funzione della percentuale di zucchero utilizzato. Con gelatina si intende invece una preparazione a base di solo zucchero e succo della frutta, senza polpa o buccia.

NAPPARE

Termine derivato dal francese *napper*, che vuol dire semplicemente «mettere sopra». Si usa per indicare l'atto di cospargere una salsa, un fondo di cottura o un sugo sopra alla nostra preparazione.

POLENTA ISTANTANEA

Farina ottenuta dalla macinazione del mais precotto a vapore, ideale per una polenta veloce; non sarà gustosa e profumata come quella tradizionale, ma può rappresentare una valida alternativa.

PUNTATURA

Si chiama così un inizio di lievitazione, utile a far prendere forza all'impasto. Si ha una lievitazione quando l'impasto raddoppia il proprio volume, la puntatura invece si riferisce a un piccolo aumento di volume.

QUENELLE

Polpettina di carne, pesce o verdura ridotti in purea e addensati con uovo e mollica di pane. Hanno una forma a uovo, che si ottiene con l'aiuto di due cucchiai.

ROUX

È una preparazione a base di farina e burro, in proporzione 1 a 1, che si utilizza per legare salse e zuppe. Ne esistono tre tipi, bianco, biondo e bruno, così chiamati per il colore che assumeranno in funzione dei tempi di cottura.

SAC À POCHE

Tasca da pasticcere, a forma di cono. Facilmente manovrabile e dotata di bocchetta di varie forme e dimensioni (ma possiamo anche utilizzare un sacchetto da congelazione a cui taglieremo un angolo), viene usata per la farcitura e la decorazione con creme morbide.

TEMPERARE IL CIOCCOLATO

È un processo che assicura la durezza, la compattezza e la lucentezza del prodotto finito dopo che il cioccolato fuso si sarà raffreddato. L'operazione, perché sia eseguita a regola d'arte, si basa su tre parametri: precisione, movimento e temperatura. Sciogliete il cioccolato muovendolo di tanto in tanto e portatelo a 45°C, quindi fatelo raffreddare a 27° e infine riscaldatelo di nuovo a 32°.

TESTO

È una piastra in ghisa utilizzata nella cucina regionale della Romagna, della Liguria e di altre aree appenniniche del centro Italia. Tradizionalmente serve per cuocere le piadine romagnole, ma anche altri piatti della cucina contadina come le tigelle o i testaroli.

Indice degli ingredienti

Senza l'aiuto di Alida e Lorenzo,
amici e cuochi straordinari, non sarei
mai riuscita a preparare tutte
le ricette del libro. Una piadina
mi pareva il minimo per ringraziarli!

Emma
Lorenzo
Bianca
Chiara
Cinzia
Baldini
Gio
Amici
Jacopo
Carla
Bruna
Antonina
Staff
produttori
Alida
Nano
Masterchef
Sergio
Marzia
Babbo
Mamma
Claudia
Cristian
Romina

ENDEMOL SHINE GROUP
MAGNOLIA a zodiak media company
sky UNO HD

ISBN 978-88-6852-894-2

Art director *Mara Scanavino*
Artwork *Alberto Lameri*
Coordinamento editoriale *Jacopo Viganò*
Fotografie *Bianca Buoncristiani*

www.baldinicastoldi.it
info@baldinicastoldi.it

BaldiniCastoldi
BaldiniCastoldi
baldinicastoldi
baldinicastoldi

Stampato nel marzo 2016
per conto di Baldini&Castoldi s.r.l
da Qui*stampa* s.r.l. – Gorla Minore (VA)